Folhas de outono

Lucy Dias Ramos

Folhas de outono

FEB

Copyright © 2012 by
FEDERAÇÃO ESPÍRITA BRASILEIRA – FEB

1ª edição – 2ª impressão – 2 mil exemplares – 4/2016

ISBN 978-85-7328-702-8

Todos os direitos reservados. Nenhuma parte desta publicação pode ser reproduzida, armazenada ou transmitida, total ou parcialmente, por quaisquer métodos ou processos, sem autorização do detentor do *copyright*.

FEDERAÇÃO ESPÍRITA BRASILEIRA – FEB
Av. L2 Norte – Q. 603 – Conjunto F (SGAN)
70830-106 – Brasília (DF) – Brasil
www.febeditora.com.br
editorial@febnet.org.br
+55 61 2101 6198

Pedidos de livros à FEB
Gerência comercial
Tel.: (61) 2101 6168/6177 - comercialfeb@febnet.org.br

Dados Internacionais de Catalogação na Publicação (CIP)
(Federação Espírita Brasileira - Biblioteca de Obras Raras)

R175f   Ramos, Lucy Dias. 1935-

          Folhas de outono / Lucy Dias Ramos. – 1. ed. – 2. imp. – Brasília: FEB, 2016.

          200 p.; 23 cm.

          ISBN 978-85-7328-702-8

          1. Conduta espírita – Comportamento – Terceira idade – Espiritismo. I. Federação Espírita Brasileira. II. Título.

CDD 133.9
CDU 133.7
CDE 80.01.00

Sumário

09 Folhas de outono

11 Agradecimentos

13 Prefácio

17 Introdução

21 Reflexões em torno do envelhecer...

25 No rumo da grande Luz

29 "Renova-te sempre..."

33 Por que envelhecemos?

39 Desatando os laços

41 Caminhos, sendas e atalhos...

45 Lutas abençoadas

51 O idoso na família

57 Dor e evolução

- **61** Metodologia do amor
- **65** "Eu sou o Caminho"
- **69** Além do Infinito
- **71** O exercício da paciência
- **75** Entendendo melhor o idoso...
- **81** Planos da alma
- **85** Desperta e vive
- **91** Coragem de envelhecer
- **97** "Ousar com o coração..."
- **101** Quando eu partir
- **103** Indulgência – essa virtude esquecida...
- **107** Relacionamentos conflitantes
- **111** Presentes da vida
- **117** Autodescobrimento: uma viagem interior
- **123** Deus te abençoe, minha mãe
- **129** Refazendo caminhos
- **133** Além do horizonte
- **137** Espelho da alma
- **139** Em vez de medo, sinta esperança!
- **145** Simplesmente feliz
- **151** Solidão – uma escolha infeliz
- **155** Bem-estar na aposentadoria
- **161** Sonhando com um mundo melhor...
- **165** Desafios do caminho

- **169** Permanecendo na vida
- **175** O sentido da vida
- **177** Estilo de vida
- **183** Balanço da vida
- **185** A busca da liberdade
- **189** Realização íntima
- **193** Conte suas bênçãos
- **197** Prece ao envelhecer
- **199** Referências

Folhas de outono

As folhas de outono,
Voejando no infinito das horas,
Demonstram a impermanência do ser
No contexto do tempo...
Como folhas ressequidas tocadas pelo vento,
Deixamo-nos levar nas asas da ilusão
Na direção dos sonhos, da aventura...
Hoje, o despertar neste outono da vida
Mostra-nos a realidade do que somos
Distante do que se perdeu nas brumas do passado...
A estrada se alonga diante de nós,
Recoberta das folhas ressequidas e douradas pelo Sol,
Neste entardecer que nos convida à reflexão...
E caminhamos embalados pelo vento outonal
Que nos acaricia com ternura...
Prosseguimos confiantes sem olhar para trás,
Envolvidos, ainda, pelo encantamento de viver,
Como filhos de Deus, na plenitude do Amor!

A meus filhos
Antonio, Rejane, Valéria, Sheila e Cristiano.

Agradecimentos

AGRADEÇO ÀS COMPANHEIRAS que integram atualmente o quadro de auxiliares do Grupo da Terceira Idade, na Casa Espírita de Juiz de Fora (MG), cuja colaboração, indispensável, facilita nossa tarefa.

Às secretárias: Alcinéa Maria Aguiar Figueiredo, Argélia Magalhães e Lourdes de Jesus Corrêa.

Às expositoras: Alcione Andries Lopes, Ana Lúcia Fialho, Célia Franklin Vieira, Dra. Gilda Sffeir Altaf, Maria das Graças Rodrigues Souza, Maria Leuza Moreira.

A todos que já participaram deste trabalho e me ajudaram a desenvolver estas atividades, substituindo-me em momentos de impedimento e colaborando para que nossos encontros semanais não sofressem interrupções.

Agradeço à Clementina Veloso, pela incansável colaboração como secretária, estando ao meu lado prestimosa e atenta para que tudo transcorresse harmoniosamente, durante muitos anos.

Às psicólogas Ana Lima, que me auxiliou na implantação deste trabalho, e Denize Marta Rabelo, que, durante um longo período, prestou apoio psicológico e coordenou as "dinâmicas de grupo" no Encontro da Terceira Idade (ETI).

Ao Henderson Marques, pela indispensável colaboração na revisão dos textos, adequando-os às normas atuais da Associação Brasileira de Normas Técnicas (ABNT).

Aos queridos irmãos e irmãs que, apesar de já terem partido para o plano espiritual, estiveram conosco nestes encontros semanais, durante seus derradeiros anos.

A todos que me apoiam e confiam em meu ideal de promover um atendimento cristão e fraterno, através das lições enobrecedoras da Doutrina Espírita, à luz do Evangelho de Jesus, minha gratidão!

Prefácio

Em 2006, tivemos a grata oportunidade de deixar nossa impressão sobre o trabalho espírita de Lucy Dias Ramos, introduzindo a parte de reflexões evangélicas de seu livro *Recados de amor*, editado pela Federação Espírita Brasileira (FEB).

Agora, o convite para que lhe prefaciássemos *Folhas de outono* agregou-se à honra de fazê-lo superior alegria, em virtude da temática analisada, atualíssima e ainda pouco explorada doutrinariamente: as questões relativas aos derradeiros anos da existência.

Lucy Ramos é-nos fraterna amiga de há muito, e desde algumas décadas lhe temos acompanhado, no Movimento Espírita, entre outras tarefas a que se dedica, o envolvimento com os assuntos atinentes à chamada Terceira Idade.

Trabalho de tal envergadura provavelmente terá sido alvo de programação prévia no mundo espiritual. E, no momento aprazado, dócil às influências benfazejas do Alto, pela identificação, teórica e prática, com os objetivos superiores da existência, Lucy escuta a voz do compromisso adrede assumido, como ternamente ela relata no capítulo

"Reflexões em torno do envelhecer...". Entrega-se, então, ao trabalho, estudando, meditando, expondo ideias no convite a cooperadores, agilizando providências para que o projeto se fosse concretizando.

E aqui chegamos, mais de vinte anos após, tendo a querida companheira a compartilhar os resultados sazonados de seus esforços, amadurecidos ao sabor de experiências preciosas.

Conquanto o nome nos remeta a *folhas*, o livro de Lucy sabe a frutos maduros que, desprendendo-se naturalmente da árvore-mãe, abrem-se tanto em polpa saborosa quanto em sementes promissoras, atendendo-nos à fome de saber, sentir e agir dentro de uma visão de Imortalidade e Progresso para a construção da Felicidade real e imorredoura.

Em cada texto encontramos apuradas reflexões, lastreadas no Conhecimento Espírita e aureoladas pela maturidade física e espiritual da autora. Mas não espere o leitor encontrar escritos melancólicos. Não! Marcas registradas de Lucy são a jovialidade, a alegria, o bom humor, o otimismo, calçados na esperança dinâmica e na perseverante dedicação de quem sistematicamente estuda, medita, aceita e busca aplicar a Doutrina Espírita portas adentro da alma e no cotidiano exterior.

Sejamos idosos ou jovens, seja para reflexão pessoal, ou para organização e implantação de trabalho com a faixa etária em foco, o livro é adequado a todos que se interessem por assunto tão urgente como a necessidade de nos ocuparmos com o aproveitamento da reencarnação, emprestando qualidade útil à vida de encarnados, que se prolonga cada vez mais.

Também para o enriquecimento de temas interligados, como *finalidades da encarnação, influência do corpo sobre a disposição espiritual, desencarnação, valorização da vida, mecanismos evolutivos* e tantos outros, a obra se faz enriquecedora e oportuna.

Resta-nos, pois, sugerir enfaticamente: 1) a leitura da obra para ampliarmos o conhecimento do tema; 2) sua meditação acurada para o encorajamento a uma ação eficaz, de modo pessoal ou na instituição espírita, enquanto idosos ou junto a eles; e 3) a aplicação das reflexões à ação do dia a dia, se quisermos ser contados entre os candidatos ao trabalho com Jesus nestes tempos de grandes mudanças prenunciadoras da Nova Era.

À querida Lucy, mais uma vez, externamos carinhosa gratidão por nos ensejar tão benéfica proximidade com as conquistas de seu coração voltado para a Verdade e o Bem.

ALCIONE ANDRIES LOPES
Juiz de Fora (MG), 1º de agosto de 2011.

Introdução

HÁ MAIS DE duas décadas coordeno um grupo da Terceira Idade. Esta convivência saudável e fraterna ensinou-me muitas coisas, possibilitando-me escrever este livro, que dedico a todas as companheiras e companheiros que passaram por minha vida nestes encontros semanais, àqueles que ainda permanecem e a todos aqueles que me ajudaram a concretizar este sonho de compartilhar com almas afins os recursos da Doutrina Espírita nos derradeiros anos de nossas vidas...

Tem sido um aprendizado constante, com essa permuta de experiências, por essas vibrações amorosas que trocamos a cada encontro, as histórias dessas vidas, que, de alguma forma, se assemelham a tantas outras no enfrentamento de dificuldades, de preconceitos, de marginalização com que muitas pessoas, ainda, tratam os idosos.

Há uma diversidade de comportamentos e sentimentos que se mesclam, tornando nossas vidas enriquecidas pela aceitação do outro, pela maior compreensão das fraquezas humanas, pela sabedoria que enriquece a existência, pela fé que nos convida ao otimismo e à compreensão maior de nossos destinos.

Nas páginas deste livro estão registradas muitas vivências enriquecidas pelo conhecimento espírita e pelos sentimentos que nos assaltam quando percebemos a grandeza de viver; são mensagens de alegria, otimismo e esperança que nos ensinam a valorizar cada minuto da vida, apreciar o nascer de um novo dia e meditar ao cair da noite...

As folhas de outono varridas pelo vento vão se dispersando ao longo da estrada, embaladas pela carícia do Sol do entardecer, suave e ameno como deveria ser a vida de todos nós... Entretanto, não podemos nos deixar levar pelos acontecimentos como folhas mortas, inertes, sem reações ou promessas de vida, e, sim, utilizarmos nossa experiência, nossa compreensão ante as dificuldades do caminho como sinais de que estamos enfrentando-os com coragem e confiança em Deus.

É nossa destinação a imortalidade. As luzes da esperança iluminam nossa estrada e nos motivam a prosseguir, irradiando em torno de nós os melhores sentimentos.

As folhas do outono são diferenciadas pela coloração, pela espessura, pelas linhas que demarcam suas fibras amarelecidas pelo tempo... Somos catalogados por nossos atos, pelas rugas que marcam nossa face, por exemplos que influenciaram outras vidas, deixando sinais ou cicatrizes sempre coerentes com nossas vivências e aquisições ao longo desta caminhada. É certo que temos a eternidade diante de nós e que poderemos demarcar linhas, aprofundar conhecimentos, aprender novas lições e nos sair melhor nas próximas vindas que se repetirão, certamente, na linha do progresso a que estamos destinados.

A Lei Divina é sábia, justa e generosa para com todos nós.

As perdas, as desilusões, as dores da alma que nos afligem são amenizadas pelo amor que nos conforta o coração, em que haurimos forças e coragem escorados nesta ilimitada confiança em Deus e nas inúmeras possibilidades que surgem diante de nós quando conseguimos amar e perdoar, compreender o outro e discernir o que nos convém, sem derraparmos nas ilusões e nos comprometimentos nocivos à nossa evolução espiritual.

Temos diante de nós, a cada alvorecer, um novo dia. Devemos enumerar as bênçãos de tudo o que nos cerca e de tudo aquilo com que nos felicita a vida. E não nos esquecermos de agradecer a Deus esta valiosa oportunidade que temos a cada novo dia, aproveitando intensamente cada momento, cada experiência nova neste aprendizado sublime que é a vida...

Lembremo-nos sempre que:

> [...] a felicidade, que não é a mesma coisa que prazer, é um presente que cintila pelo reconhecimento da existência de alguma coisa que nos impulsiona, que nos dá a percepção de estarmos conectados a algo maior que nós mesmos e de que tudo está bem com o universo, apesar de seus horrores e tragédias.[1]

O ideal seria vivermos sem dores ou sofrimentos, entretanto, em nosso estágio evolutivo, a dor é propiciadora de nosso progresso moral e nos torna mais receptivos à felicidade porque saberemos valorizar os momentos de paz e alegrias que enriquecem nossos destinos após a superação da dor física ou emocional que vergastaram nossas almas.

Tal qual a natureza, que, após a borrasca inclemente, se revigora e se restaura apresentando-se mais exuberante e bela, nossos espíritos lapidados pelo sofrimento ressurgem mais fortes e compreensivos, refletindo a paz e a tranquilidade dos que venceram a si mesmos, perdendo as ilusões e as glórias efêmeras deste mundo.

Que estas páginas, escritas no outono da vida, possam levar ao seu coração a serenidade e a percepção maior de nossos destinos, beneficiados que somos pelas luzes do Evangelho de Jesus, roteiro seguro em nosso caminho na busca da felicidade real – imperecível conquista espiritual –, que dignifica nossas almas neste entardecer da existência!...

Lucy Dias Ramos
Juiz de Fora (MG), 21 de março de 2011.

---

[1] CAMPBELL, Eillen. *Tempo de viver.* P. 89.

Reflexões em torno do envelhecer...

Caminhava, lentamente, por uma rua movimentada na cidade em que vivera sua juventude... Os passos trôpegos, o olhar distante, as mãos trêmulas seguravam o pão mal embrulhado junto ao leite, os quais, certamente, seriam sua primeira refeição naquele dia... Eram sete horas de uma manhã fria e chuvosa... Do meu carro, no trânsito lento e engarrafado, eu o contemplava, meditando sobre como seria sua vida nesta fase final... A esposa estaria viva? Teria filhos? Quem o ajudaria nos cuidados diários? Aos poucos, fui imaginando como seria sua rotina diária...

Deveria levantar-se bem cedo, pois a maioria dos idosos acordam bem antes do amanhecer... Depois da habitual higiene, vestiria sua roupa do dia a dia, verificaria se o dinheiro estava trocado para ir à padaria e o contaria mais de uma vez; em seguida, sairia pela porta de serviço para tomar o elevador, mas verificaria antes se a porta ficara realmente fechada. Na recepção conversaria com o porteiro, comentando sobre o tempo, reclamando do reumatismo e das dores na coluna e ganharia a rua, dirigindo-se à padaria mais próxima. Teria dificuldade em abrir seu guarda-chuva, já roto e enferrujado, e iria pela calçada, a mesma do prédio onde ficava seu apartamento.

Enfrentaria a fila na padaria, resmungaria contra a demora em ser atendido, contra a falta de cortesia do balconista que o atendera e falaria de como tudo está tão caro e diferente do "seu tempo"...

E retornaria para casa, vacilante e incomodado com o barulho dos carros que se acumulavam na rua molhada, buzinando impacientemente... E o seu dia transcorreria na mesma e monótona rotina até que novamente surgisse a noite e tudo recomeçasse no outro amanhecer... Imaginei que sua companheira já teria partido e sua vida ficara mais triste ainda, sem ter com quem conversar ou reclamar e sem o afeto que o nutria nas noites de solidão...

É muito triste ver um idoso sozinho, caminhando pelas ruas ou nas praças de minha cidade. Observo que muitos andam com dificuldade, enxergam mal e, de tão frágeis, parecem que vão cair a qualquer momento. Fico pensando:

– Onde estariam seus familiares? Como permitem que andem sozinhos em ruas tão agitadas e com tanta violência?

E refletindo melhor, fiquei arquitetando o que poderíamos fazer quando tivéssemos de atender aos idosos em nossas casas espíritas ou mesmo em alguma situação que nos colocasse frente a frente com suas dificuldades, presos na solidão de suas vidas, tristes e sofridos, sem nenhum objetivo que nos motivasse a viver...

Como ajudar o idoso?

Durante alguns dias, aquela imagem do idoso caminhando sozinho não saía de minha mente...

Após algumas reflexões em torno do que poderíamos realizar, iniciei, no final da década de 1980, com outras companheiras, o trabalho com o idoso em nossa casa espírita, que prossegue até hoje, com bons resultados. Atualmente, fazendo um balanço das atividades com o grupo da terceira idade, cujos encontros são semanais, verifico que a maior beneficiada fui eu, pelo muito que aprendi e pelas ótimas amizades que fiz. E, no esforço de estudar e repassar para eles conteúdos doutrinários e inerentes a esta faixa etária, conquistei valiosos recursos para minha vida atual, em que posso enfrentar os problemas das limitações físicas, as mudanças, as perdas, com fé e serenidade íntima.

Naquele tempo, eu não possuía nenhuma experiência com relação ao trabalho com o idoso, e comecei a pesquisar, participar de seminários, visitar casas geriátricas, conversar com aqueles que já adentravam nesta faixa etária e organizar material e subsídios na literatura espírita. Com a ajuda de uma psicóloga que já trabalhava com o idoso e ao lado de uma equipe bem entrosada, pudemos iniciar esta tarefa, que prossegue até nossos dias. A psicóloga Ana Lima, que iniciou este trabalho conosco, reside, atualmente, em Vila Velha, no Espírito Santo, e já está realizando este mesmo atendimento em centro espírita daquela cidade. Compondo nossa equipe, temos uma médica, que nos orienta e faz palestras; uma psicóloga, que dá apoio ao grupo, com dinâmicas e atendimento fraterno; e expositores do Evangelho e de assuntos inerentes ao idoso. Com momentos de lazer e muita participação do grupo, conseguimos manter um clima de fraternidade e amor, em que todos se sentem bem acolhidos e à vontade para falar de seus problemas, de suas vidas e dificuldades. Facilita nosso trabalho poder contar com toda a estrutura que a casa espírita nos concede, utilizando os recursos necessários e o encaminhamento daqueles que necessitem de uma ajuda mais específica, de caráter material, moral ou espiritual.

Outro fator importante é a integração do idoso nos setores de trabalho da casa espírita. Ele se sente útil e eleva sua autoestima.

Nós, espíritas, devemos adotar, em nossos setores assistenciais e doutrinários, núcleos de trabalho para a realização desta tarefa com o mesmo empenho com que tratamos da evangelização do jovem e da criança.

É muito importante valorizar aqueles que adentram a terceira idade, incentivando-os a desenvolver suas potencialidades, propiciando-lhes uma adaptação positiva e construtiva no núcleo familiar, na vida comunitária e em nossas casas espíritas, ensinando-os a viver generosamente, educando seus sentimentos, dando-lhes ensejo de crescer espiritualmente, através dos recursos e ensinamentos que o Espiritismo nos concede.

No entardecer da vida estamos nos aproximando do fechamento de um novo ciclo biológico. Viver bem, de forma saudável e equilibrada esta fase será, certamente, o preparo mais adequado para a grande viagem que teremos de realizar quando finalizarmos a atual reencarnação. Reavivando em nossos corações as luzes da esperança e a crença na imortalidade da alma para transpor os portais de um novo mundo; com fé, confiança e discernimento estaremos contribuindo para uma chegada feliz e consciente à dimensão espiritual que nos aguarda.

No rumo da grande Luz

Quando nos conscientizamos dos impositivos da imortalidade, deixando para trás os labirintos escuros do egocentrismo, do excessivo apego às coisas perecíveis, começamos a compreender o sentido da vida, da necessidade de fraternidade e a extensão do significado maior de pertencermos à Humanidade, como filhos de Deus.

Começamos um longo processo de aprendizagem, superação e desvinculação das amarras do egoísmo e das fugidias ilusões da vida material.

Despertamos de um sono profundo em que tudo se revestia de uma tênue nuvem para o alvorecer da realidade espiritual. A vida adquire, então, novo sentido e ocorrem mudanças acentuadas em nosso mundo íntimo.

Passamos a entender melhor nosso próximo, conseguimos romper com os limites do egoísmo e compreendemos as necessidades, as lutas, as dores de nossos semelhantes, tornando-nos solidários e mais tolerantes. Entendemos que todos os fracassos, todas as tristezas, todas as aflições que existem na Terra, de algum modo, são nossas também e que a dor e o soluço, mesmo distantes, ressoam em nosso íntimo, levando-nos a sofrer, afetando nossas vidas, porque somos componentes imperfeitos de uma mesma sociedade.

Quando adentramos nessas cogitações e entendemos nossa realidade espiritual, compreendemos com clareza e humildade que, sem amor, não estaremos seguros nesta romagem que empreendemos juntos, apesar da diversidade de nossas vidas e costumes.

É de se esperar que no outono da vida já tenhamos adquirido a maturidade emocional e nos preocupemos com o real sentido de nossa existência. As mudanças que se operam dentro de nós são convites à busca da espiritualidade, e, aceitando-as, muitos valores são alterados.

Muitos de nós, ante o convite à renovação íntima que a fé e a Bondade Divina nos convidam, vacilamos, temendo a responsabilidade de uma nova proposta de vida. O novo sentido que imprimimos às nossas vidas e o exercício constante em busca da espiritualidade demandam esforços contínuos. Muitos desistem com justificativas que atenuem sua deserção ao convite de Jesus.

Certamente, o maior empecilho ao crescimento espiritual é o excessivo apego às coisas transitórias, que constituem fortes liames, nos mantendo na retaguarda, distantes da redenção a que o novo caminho nos levaria.

Joanna de Ângelis leciona:

> [...] os bens materiais, não obstante possuam utilidade, favorecendo o conforto, o progresso, a paz entre os homens quando bem distribuídos, são, às vezes, de outra forma, algemas cruéis que aprisionam as criaturas e que, transitando de mãos em mãos, são coisas mortas, que não merecem preferência ante as verdades eternas.[2]

Conscientes da imortalidade da alma e da transitoriedade das coisas materiais, por que o demasiado apego aos bens perecíveis, às conquistas efêmeras que retardam nossa evolução espiritual?

---

[2] FRANCO, Divaldo P. *Jesus e atualidade*. Ditada pelo Espírito Joanna de Ângelis. São Paulo: Pensamento, 1989, p. 60.

O que possuímos de real que a morte não arrebatará?

São reflexões e questionamentos que devemos fazer quando buscamos mudanças e procuramos caminhos seguros para nossa libertação espiritual.

O apóstolo Paulo adverte-nos quando propõe: *"pondo de lado todo o impedimento... corramos com perseverança a carreira que nos está proposta."* (*Hebreus*, 12:1). Ele nos concita a *correr*, por ser urgente nossa mudança, mas no cumprimento de nossos deveres, muitas vezes, nos detemos ante impedimentos que nos dificultam a ação junto a compromissos inadiáveis, assumidos na obra do bem, dando desculpas evasivas e argumentações que justifiquem nossa deserção.

Coloquemos *de lado* qualquer impedimento, seja de ordem material ou sentimental, a fim de seguirmos Jesus, hoje e sempre, amando e servindo, aprendendo e renovando nosso entendimento, iluminados pela fé raciocinada que a Doutrina Espírita nos confere.

Joanna de Ângelis nos conclama a assumir nossa postura de cristãos, quando nos adverte:

> O momento é este. Deixa-te permear pela presença de Jesus e segue-O feliz. Com tal atitude os teus problemas mudarão de aparência, perderão o significado afligente, contribuirão para a tua felicidade. Renascerás dos escombros e voarás no rumo da Grande Luz, superando a noite que te aturde.[3]

---

[3] *Id. Ibid.*, p. 63.

"Renova-te sempre..."

Observando a natureza neste alvorecer e sua constante mutação, que nos deslumbra pela diversidade das cores e disposição das nuvens, nas formas que se espraiam em arabescos diáfanos de tonalidade suave, na carícia do vento em minha face, sinto uma ternura infinita e gratidão a Deus por mais um dia de vida. Pensamentos esparsos, porém contínuos, levam-me a refletir sobre a renovação a que estamos sujeitos, pela lei do progresso, e sobre como podemos contribuir com o que já amealhamos pelo caminho percorrido neste desejo de servir mesmo que de forma simples e anônima.

Acreditando em nosso semelhante, em seu poder de renovação, é que teremos de nos empenhar para colimar os objetivos reais da existência. Já percorremos um longo caminho, e, como seres gregários, já sabemos que não há ninguém que prescinda de ajuda, à qual esteja vinculado. Por isso, temos de buscar uma convivência saudável e equilibrada, baseada na compreensão e no respeito mútuo.

É admirável perceber a renovação a cada dia, ao contemplar a natureza e o mundo em torno de nós... Entretanto, se observarmos nosso interior, se nos detivermos na busca do autoconhecimento, avaliando-nos e analisando o que temos feito nesta oportunidade que Deus nos propicia de crescimento espiritual, iremos constatar que é imperioso para nós nos adequarmos às mudanças que acontecem quando atingimos o entardecer da vida.

Em significativa exortação a estas mudanças necessárias ao nosso desenvolvimento moral, Paulo nos conclama: *"Ainda que o nosso exterior se corrompa, o interior, contudo, se renova, dia a dia."* (*II Coríntios*, 4:16).

Emmanuel, comentando as palavras do apóstolo da gentileza, nos leciona:

> Ainda que a prova te pareça invencível ou que a dor se te afigure insuperável, não te retires da posição de lidador, em que a Providência Divina te colocou. Recorda que amanhã o dia voltará ao teu campo de trabalho. Permanece firme no teu serviço, educando o pensamento na aceitação da Vontade de Deus.[4]

"Educando o pensamento na aceitação da Vontade de Deus"... Está ínsita em cada um de nós a centelha divina que nos irmana e nos torna, inevitavelmente, destinados a seguir na linha de evolução, dentro das determinações da lei do progresso e de todas as implicações necessárias ao nosso desenvolvimento moral.

A *Vontade Divina* é que nos tornemos, um dia, perfeitos, que sejamos felizes e que possamos seguir com serenidade e confiança Suas diretrizes.

Nessa ascensão, o que importa, realmente, é o quanto podemos realizar para atingir esse nível de consciência ética, distinguindo o que nos convém e eliminando o que retarda nossa evolução moral.

E vamos buscar, novamente, nas sábias exortações de Emmanuel, a ajuda na compreensão de nossas possibilidades para conseguir esse crescimento, dia a dia, a partir da renovação de nossa mente, educando nossos sentimentos, equilibrando nossas emoções e buscando um relacionamento saudável com aqueles que caminham conosco:

---

[4] XAVIER, Francisco Cândido. *Fonte viva*. Ditada pelo Espírito Emmanuel. 24. ed. Rio de Janeiro: FEB, 2000, p. 316.

Boa vontade e cooperação representam as duas colunas mestras no edifício da fraternidade humana. E contribuir para que a coletividade aprenda a pensar na extensão do bem é colaborar para que se efetive a sintonia da mente terrestre com a Mente Divina. [5]

Todos nós podemos cooperar para a construção de um mundo melhor.

Todos nós temos ensejos, os mais diversos, na execução da vontade de Deus, colaborando para que nosso próximo se sinta estimulado a vencer suas dificuldades e procure sua destinação maior, dando um novo sentido à sua existência.

Todos podem contribuir com o que já possuem de conhecimento e assim oferecer ao outro o apoio fraterno quando a dor a este visitar a alma.

A palavra amorosa que consola, a página elucidativa que orienta, o abraço fraterno em momentos de insegurança, o olhar compassivo diante da dor, a vibração amorosa na prece que conforte e amenize o sofrimento alheio, a compreensão e a tolerância diante do irmão que está equivocado e sem rumo... São atitudes que irão ajudar e também estabelecer vínculos de amor e de fraternidade.

Parece uma simples utopia este desejo constante que nos assalta de que podemos mudar o mundo... Estamos distantes de apresentar as condições ideais. Todavia, todos nós poderemos ajudar iniciando pelas mudanças que se operam dentro de nós, eliminando o que perturba nosso equilíbrio e desenvolvendo as potencialidades adormecidas... Sob a luz do amor, nossos sentimentos desabrocham como as sementes esquecidas, mas que adubadas e tratadas convenientemente, se desenvolvem e geram flores e frutos opimos.

Agindo assim estaremos voltados para os interesses maiores da vida e colaborando para que nosso mundo se transforme, através do amor, da solidariedade e da paz, na morada de luz que todos almejamos.

---

[5] *Id. Ibid.*, p. 322.

A renovação mental de cada um de nós é imprescindível para essa conquista.

Renovar é preciso. Renovar sempre que formos chamados às mudanças necessárias em nosso mundo íntimo para estabelecer a paz e a concórdia na vida de relação, seja no reduto de nossos lares, na comunidade religiosa ou no meio social.

Por que envelhecemos?

A CIÊNCIA MODERNA tem buscado alternativas para retardar o envelhecimento, e somos beneficiados no mundo atual com medicamentos, dietas alimentares e exercícios físicos que nos mantêm mais saudáveis e ativos.

Em uma visão holística, podemos relevar os benefícios que a mente voltada para os valores positivos da vida acrescenta a todos nós. Leituras edificantes, aprendizado contínuo, artesanato ou criações artísticas que estimulem a criatividade do idoso são agentes de alto valor revitalizante, evitando doenças que a inatividade poderia acarretar.

Todos nós possuímos dons e habilidades que poderão enriquecer nossas vidas, desde que busquemos realizar o que nos dê prazer e motive a sociabilidade, tão importante como profilaxia de estados depressivos.

Embora o corpo envelheça naturalmente, pelo desgaste orgânico e as limitações físicas inevitáveis, poderemos envelhecer mais saudáveis e otimistas.

É importante manter a saúde equilibrada, a vida mais metódica e adequada à nossa faixa etária, observando todos os cuidados médicos e alimentares, praticando exercícios, buscando terapias alternativas para manter a atividade física e mental.

Modernamente, a tecnologia colabora para a longevidade promovendo a divulgação de cuidados com a saúde e oferecendo tratamentos médicos e exames que contribuem para diminuir as mortes precoces. Observamos os resultados desse trabalho nas estatísticas, que revelam que a faixa etária do grupo da terceira idade apresenta-se cada vez mais numerosa e seus integrantes vivem por um tempo bem maior.

Se hoje podemos viver mais tempo na contagem dos anos, teremos de buscar alternativas para viver melhor, com mais qualidade e equilíbrio.

Considero a terceira idade uma das fases mais importantes da vida humana. O sentimento de estar envelhecendo é encarado de forma diferenciada e muitos fatores contribuem para uma boa aceitação deste processo biológico que sofre influências sociais, físicas, psicológicas e morais.

A terceira idade é o entardecer da vida, o crepúsculo que terá tonalidades que poderão nos encantar ou deprimir, mas que poderá ser também o alvorecer de um novo tempo de mudanças e realizações, ainda possíveis.

Esse pensamento nos levará a manter vivas em nosso coração a esperança e a generosidade, levando-nos ao trabalho voluntário no Bem, e esta atitude cristã enriquecerá nossas horas afugentando de nosso mundo a solidão e o egoísmo.

Investir em causas nobres e projetos sociais voltados para o Bem enriquecerá nosso íntimo, e nos sentiremos úteis e valorizados.

Vamos buscar as causas do envelhecimento para entendermos de forma mais clara e objetiva o que podemos fazer para retardar este processo que é natural em todos os seres humanos.

Todos os seres vivos possuem um período limitado de vida orgânica e sofrem mudanças fisiológicas com o passar do tempo. A vida humana pode ser dividida em três fases: *i*) crescimento e desenvolvimento; *ii*) reprodutiva; e *iii*) *senescência* ou envelhecimento.

Durante a primeira fase, ocorrem o desenvolvimento e o crescimento dos órgãos e o organismo adquire habilidades que o tornam apto a várias funções, inclusive a de reproduzir. A segunda fase é caracterizada pela faculdade de reprodução, que garante a perpetuação e evolução da espécie humana. A terceira fase, a do envelhecimento, tem características de declínio funcional do organismo.

O organismo humano, pelo envelhecimento natural, sofre alterações moleculares e celulares que motivam perdas funcionais progressivas dos órgãos e do organismo como um todo.

Esse declínio é mais perceptível quando a fase reprodutiva está finalizando, embora estas perdas comecem a acontecer bem antes, em torno dos 30 anos de idade, quando o aparelho respiratório e o tecido muscular já apresentam alguma perda funcional.

> Existem indivíduos que caminham velozmente para o envelhecimento, enquanto que outros, em idênticas condições de habitat, apresentam verdadeiras renovações em seu metabolismo fora de qualquer ajuda, inclusive a médica. Tudo isso demonstrando a existência de um campo energético onde o ser se encontra mergulhado e subordinado às suas influências.[6]

Na visão espírita, reconhecemos o papel do perispírito nesse processo, por sua função de sustentabilidade na organização física.

Existem alguns hábitos diários que envelhecem e perturbam a qualidade de vida, mas que podem ser evitados, diminuindo a celeridade do envelhecimento físico. Citaremos alguns, como: tabagismo, má alimentação, sedentarismo, automedicação. Outros costumes são, também, fatais para a longevidade e aceleram o processo de desgaste e declínio das funções do organismo.

---

[6] ANDRÉA, Jorge. *Dinâmica Psi*. P. 187.

O envelhecimento facial do fumante é mais rápido em relação ao de quem não fuma. Há efeitos nocivos como câncer, doenças cardíacas, insuficiência dos vasos sanguíneos e enfisema pulmonar, que são as enfermidades mais graves.

A má alimentação causa obesidade, hipertensão, diabetes, colesterol alto, doença cardíaca, derrame cerebral e morte.

A privação do sono afeta o raciocínio, o humor, a produtividade e altera relacionamentos saudáveis.

O sedentarismo é fator de risco, enquanto a prática de exercícios controla o peso, previne e reduz a pressão arterial, equilibra os níveis de colesterol, modela o corpo, alivia o estresse, melhora a autoestima e dá mais disposição para realizar as tarefas diárias.

A automedicação é perniciosa devido aos efeitos colaterais que pode provocar, além das alergias e da interação medicamentosa e de mascarar sintomas de doenças mais graves que poderiam ser debeladas se tratadas no início.

A bebida alcoólica, em excesso, acarreta lesão no fígado, redução da massa cerebral e comprometimento físico, além dos prejuízos sociais e familiares, decorrentes da alteração constante do humor e das habilidades do usuário.

Por que envelhecemos?

Analisando os fatores sociais e psicológicos do envelhecimento, poderemos acrescentar que envelhecemos porque há uma cultura da velhice apregoada por muitos, na medida em que vamos incorporando anos em nossa existência.

Escravizamo-nos às rotinas, sem coragem de estabelecer mudanças em nossas vidas, escolher vivências mais prazerosas que nos libertem do tédio e da repetição dos mesmos hábitos arraigados ao longo dos anos...

Envelhecemos porque somos egoístas e não pensamos nos outros, aqueles que estão precisando de nós, em situações mais críticas e, realmente, sofrendo perdas e desamparo...

Envelhecemos porque nos acomodamos com o conhecimento já adquirido, sem termos coragem de enriquecer nossos espíritos com o aprendizado constante e fecundo que a Ciência nos oferece e a Tecnologia facilita nos tempos atuais...

Envelhecemos porque nos deixamos influenciar pela cultura da velhice e consideramos que "velhos" não devem proceder como os jovens, não podem amar nem buscar os prazeres sadios da vida...

Envelhecemos porque nos encarceramos nas ideias preconceituosas e evitamos os que são marginalizados...

Envelhecemos porque nos aprisionamos ao passado e esquecemos de viver o presente...

Envelhecemos porque temos medo, somos covardes e não lutamos por nossos sonhos e ideais enobrecedores, os quais nos fariam mais úteis com relação ao mundo em que vivemos...

E, finalmente, envelhecemos porque desistimos de viver quando assistimos à partida para o mundo espiritual daqueles que amamos e sofremos diante da ingratidão e do abandono, superestimando os que agem assim para conosco, esquecendo de que somos importantes para outras pessoas que nos amam e precisam de nós.

Quando agimos assim, estamos realmente envelhecendo e desistindo da abençoada dádiva que é a vida – oportunidade de crescimento e enriquecimento de nossos espíritos imortais.

O poder de superação diante das crises e das limitações físicas que o envelhecimento propicia nos leva a considerar o relevante papel que o pensamento positivo, a fé e a confiança em Deus desempenham para minimizar algumas dificuldades maiores que poderão ocorrer.

Devemos anotar um fator de importância no mecanismo do envelhecimento, constituído pela capacidade de adaptação em face das circunstâncias que envolvem determinado ser. Essa capacidade de adaptação propicia ao ser atenuar o seu fardo, que será tanto mais leve quanto maior for o processo de conscientização, de compreensão dessas reações limitatórias que grande número de pessoas carrega pelo orbe.[7]

Além da aceitação do envelhecimento, que é natural para todo ser vivente, devemos considerar que nossas atitudes ao longo da vida se refletem atualmente em nosso organismo físico e em nossa mente.

Compreender e aceitar o processo do envelhecimento é minorar as dificuldades e os problemas que surgem de forma natural na vida de todos aqueles que foram beneficiados com a longevidade.

Façamos de nossa vida, através de um esquema onde a ética e a moral sejam bandeiras de cada dia ao lado do dever cumprido com equilíbrio, o movimento natural e normal para uma velhice sem desordens e desentendimentos. Tudo será bem melhor se estivermos participando do esquema psicológico espírita, pela compreensão que teremos da velhice e como etapa preparatória de uma nova vida.

Saibamos atravessar o cair da noite, com naturalidade e harmonia, a fim de colhermos e apreciarmos as belezas de uma nova aurora.[8]

---

[7] ANDRÉA, Jorge. *Dinâmica Psi.* P. 188.
[8] *Id. Ibid.,* p. 190-191.

Desatando os laços

Meus versos são como pássaros de luz
Voejando no infinito das horas...
Exalando de minha alma o perfume do amor,
Do sonho e da esperança...
Voejam céleres buscando seu coração
Onde, certamente, encontrarão a paz
Na felicidade do reencontro.
Descansarão da longa viagem junto ao seu mundo,
Esquecendo de tudo o que foi doloroso nesta ausência
Que afastou nossas vidas.
Agora posso desatar os laços que me prendem ao passado.
Posso buscar a beleza dos sonhos que se realizam
No mundo de formas, real e constante...
Deslumbrada ante a luz que orienta meus passos,
Bendizer a vida, a plenitude do amor e da paz!

Caminhos, sendas e atalhos...

ADMIRO AS ESTRADAS que se alongam e se perdem na distância onde meus olhos não podem alcançar...

Fico imaginando até onde irão estes caminhos que vislumbro em paisagens quando viajo ou mesmo na contemplação de obras de arte ou fotografias. Penso, muitas vezes, que irão ter ao mar, como os rios que também são sendas ou caminhos que buscam a amplidão, carregando detritos e alterando os contornos onde conseguem penetrar, retalhando a terra, rodeando as montanhas e, intrépidos, atingem seus objetivos.

Com maior intensidade que os rios, as estradas atraem minha atenção porque são mais estáticas e posso admirar serenamente suas linhas, seus pisos, as flores que enfeitam seus contornos, as árvores onde pássaros se escondem e fazem seus ninhos, as plantas silvestres, como bromélias e orquídeas, que ostentam a beleza de suas hastes floridas...

Em minhas reflexões, observo sempre a amplitude que os caminhos nos oferecem...

Talvez porque, morando em terras montanhosas, tenhamos este desejo de vislumbrar o outro lado e percorrer vales e pradarias verdejantes e acompanhar até o infinito suas trajetórias...

Mas há um simbolismo maior nessa contemplação, nessa admiração que tenho pelos caminhos que se apresentam como veredas estreitas, singelas, e outras vezes como estradas largas e alongadas... Estas se assemelham ao nosso pensamento quando elege a verticalidade da vida para espraiar seus sonhos e aspirações enobrecedoras.

Como indicadoras de novas conquistas no tempo e no espaço, as estradas nos indicam o dinamismo com que teremos de viver, enfrentando desafios, lutando por nossas aspirações de seres livres que buscam a perfeição e a felicidade.

Ao adentrar no outono da vida, temos mais tempo para analisar estas estradas que se erguem diante de nós como desafios incentivando-nos às mudanças... Creio mesmo que elas indicam onde poderemos caminhar com mais segurança, satisfazendo o desejo de liberdade que está ínsito em nossa natureza.

Precisamos aprender, elucidados pelos ensinamentos de Jesus, a escolher o caminho ideal.

Buscar de forma ascendente colimar os ideais que nos ajudam a crescer espiritualmente, desenvolvendo os valores que nos enriquecem, colocando-nos em posição de aprendizes de Seu Evangelho, que é luz direcionando nossos passos na estrada a percorrer.

Se estivermos seguros e confiantes de nossa destinação espiritual, a escolha do caminho fica mais fácil, porque já temos o roteiro a guiar esta caminhada, onde, muitas vezes, surgem provas e dores acerbas...

E já conhecemos de forma acentuada que a melhor maneira de vivenciar os ensinamentos de Jesus, quando caminhamos sob os látegos do sofrimento, é buscar o lenitivo no trabalho de redenção ajudando aos que padecem dores mais intensas.

Na medida em que nos esquecemos de nós e passamos a servir ao próximo, observamos que nosso sofrimento diminui de intensidade, nossos corações se alegram nesta conquista que se traduz por serenidade íntima e plenitude que sentimos ao tentar aliviar o sofrimento do outro, seja em atendimentos materiais ou apoio fraterno, usando generosamente o que podemos doar em perdão, amor, solicitude e fraternidade.

Quantas vezes nos sentimos solitários se nos deixamos aprisionar na dor, no desencanto, nas decepções tão comuns em nosso estágio evolutivo?

Quando agimos assim, estamos trilhando atalhos perigosos, que nos distanciam do caminho largo e ensolarado com que fomos agraciados pelas luzes do conhecimento espírita, indicando como devemos agir com relação ao nosso próximo...

Se esse nos fere e ainda não conseguimos perdoar e aceitar os desagravos, busquemos na prece e na disposição sincera de compreendê-lo as defesas de que necessitamos para não nos perdermos nos labirintos das dissensões e das contendas estéreis.

Quantas vezes nos deixamos levar pela ansiedade de ver tudo resolvido, esperando que os outros compreendam nossos objetivos, nossas ponderações, e ficamos perdidos nas veredas da dificuldade criada por nossa invigilância e por nossa precipitação?

Não seria mais fácil e oportuno aguardar pacientemente que o outro consiga superar suas dificuldades e, um dia, compreender nossas intenções?

Mas nem sempre agimos com prudência e bom senso, e ficamos parados diante dos empecilhos criados por nossa invigilância e insensatez...

Volto a imaginar uma linda estrada sob o sol, por onde caminho com segurança, porque sei o roteiro, e no meu mundo íntimo brilha a luz da fé e da esperança que motiva meu coração a ser otimista com relação ao termo da jornada...

Recordemos que Jesus está na direção de nosso Planeta, onde perduram, ainda, lutas e sofrimentos, mas que Ele aguarda por nós pacientemente há milênios e com seu olhar compassivo acompanha nossa evolução... A fé nos induz a ter coragem, força e determinação para prosseguir sempre na direção da Luz...

O melhor roteiro para seguir sempre em frente e alçar voos cada vez mais altos neste caminho que já escolhemos é seguir Jesus.

Joanna de Ângelis nos leciona que:

> O conhecimento liberta, mas a ação correta dignifica.
> O conhecimento dá confiança, no entanto a experiência resulta da prática daquilo que se sabe. Sem dúvida, o conhecimento é muito importante no processo de expansão do intelecto, no entanto, no que diz respeito à expansão da consciência e dos sentimentos, somente o amor é possuidor do meio mais eficaz para facultar o êxito.[9]

Percebemos, então, estimados leitores, que não basta apenas conhecer o caminho.

É imprescindível vivenciar o amor na exemplificação de tudo o que conhecemos, tornando-nos afáveis, tolerantes e caridosos para com todos, seguindo nossa linha ascensional e os níveis de nossa consciência ética.

---

[9] FRANCO, Divaldo Pereira. *Entrega-te a Deus*. Pelo Espírito Joanna de Ângelis. Catanduva: InterVidas, 2010, p. 97.

Lutas abençoadas

Amanhece... As brumas que se acumulavam no horizonte vão se dispersando ao toque do vento, que suaviza o calor da noite que findou, deixando o ar menos abafado...

O Sol não despontou ainda, neste horário de verão que atrasa um pouco sua chegada, mas sei que ele não tarda a dourar a paisagem verdejante da montanha que circunda meu bairro.

A exuberância da natureza em nossas vidas retrata a fidelidade com que Deus embeleza nosso mundo com promessas de renovação e harmonia.

Hoje, ao despertar, senti em meu ser mais profundo o encantamento da luz que emana de Deus para com todos nós, seus filhos, e agradeci emocionada por todas as oportunidades de crescimento espiritual que tenho recebido...

Agradeci a compreensão maior em minha destinação espiritual...

A beleza da vida que prossegue sem cessar em torno de mim, o encanto de cada novo dia com promessas de paz, trabalho e concretização das tarefas já iniciadas...

Agradeci o lar que me abriga, os amigos que me confortam o coração, a luz do conhecimento espírita racionalizando a compreensão em torno da vida e do sofrimento, das provas e do resgate oportuno que nos levam a crescer a cada dia...

Agradeci a bênção da dor que nos redime, ensejando paciência e mostrando que somos capazes de superar as dificuldades e as limitações impostas pelas enfermidades se tivermos fé e confiança em Deus.

Agradeci principalmente por mais um novo dia, no qual deverei prosseguir cumprindo meus deveres e lutando por um mundo melhor, buscando a paz e o equilíbrio...

A dor, se bem compreendida, nos educa e ensina a enfrentar com mais coragem os embates do cotidiano... Para mim, a dor física é mais facilmente suportável que a dor moral, que lacera a alma e constrange o coração...

Quando alguma enfermidade ou limitação física nos atinge, após o enfrentamento das primeiras horas, passamos a refletir nos benefícios advindos desta crise. Entretanto, teremos de aproveitar as lições de paciência e conformação que ela nos dá.

Buscar terapias que aliviem a dor é necessário, mas devemos cuidar, também, de nossa mente para que a recuperação seja mais rápida e eficaz.

Seguir a disciplina necessária ao tratamento, superar as dificuldades que nos impedem de fazer tudo com mais rapidez e eficiência...

Exercitar a paciência ante as limitações de locomoção ou do desempenho das tarefas diárias...

Aceitar humildemente a ajuda de terceiros, tratando-os com respeito e carinho...

Sermos gentis, agradecidos e bem humorados...

São muitas as vantagens que a enfermidade nos dá se soubermos aproveitar estes momentos de desaceleração diante de nossas tarefas e obrigações impostas pelos deveres, pelos compromissos assumidos no lar, na comunidade religiosa e na vida social...

Sempre que alguma queda ou enfermidade limita minhas ações e fico diante de restrições à liberdade, busco por todos os meios possíveis a recuperação e a cura. Aproveito esta pausa benéfica em minha vida para aprimorar meu mundo íntimo, observar os acontecimentos com mais calma, ajustar pensamentos em desalinho, equilibrar minhas emoções e educar meus sentimentos...

A dor tem o poder de ser, basicamente, a função mais educativa de que dispomos para burilar e amainar as paixões perturbadoras que nos desviam da trajetória programada para nosso crescimento espiritual.

É preciso, entretanto, que saibamos aproveitar estes momentos de reflexão, de repouso forçado para compreender a causa e a motivação mais importante deste recurso benéfico com que Deus nos aponta caminhos, reparações mais urgentes a realizar e como alterar planos que prejudicariam nossa evolução espiritual.

Joanna de Ângelis, falando da ação salutar do sofrimento em nossas vidas, leciona:

> Em qualquer processo, portanto, de enfermidade, a busca da cura deve estar acompanhada do interesse pela conquista dos valores imperecíveis do Espírito, agente de todas as ocorrências perturbadoras.
> O esforço para conseguir-se a recuperação da saúde é o fator básico para aquisição da paz, de modo a enfrentar quaisquer situações menos agradáveis com equilíbrio e alegria existencial.[10]

Considerando o sofrimento em sua função educativa, que nos leva a este crescimento espiritual e ao nosso destino maior diante da grandeza e sabedoria de Deus, busquemos nestes momentos de dor e perdas um convite à reflexão mais demorada em torno de nossa vivência... Através do autodescobrimento e da análise do que vige em

---

[10] FRANCO, Divaldo Pereira. *Libertação do sofrimento*. Pelo Espírito Joanna de Ângelis. Salvador: LEAL, 2008, p. 43.

nosso mundo íntimo, iremos encontrar a solução para as dificuldades e limitações na pausa salutar que a enfermidade nos impõe.

Essa reflexão vai nos indicar o roteiro mais seguro para prosseguir sem desânimo, porque, se já temos conhecimento das lições edificantes do Evangelho, podemos testemunhar com segurança como estamos assimilando e vivenciando o que aprendemos através desse desafio que a vida coloca diante de nós como facilitador do progresso moral.

Quando a dor visitar nossa alma, utilizemos os recursos da prece, da fé e confiança em Deus, sabedores que as Leis Divinas agem sempre a nosso favor.

Mas é preciso saber sofrer, utilizar esta ferramenta que nos levanta a alma para o exercício das virtudes necessárias que nos ajudarão a enfrentar esta dificuldade temporária sem esmorecimento ou revolta.

Sigamos o exemplo da natureza, que nos demonstra o valor da perseverança e da aceitação dos embates que lhes são impostos e com seu poder de recuperação demonstra a cada dia como a esperança e a confiança no renascimento da vida são fatores de segurança que nos levam a prosseguir sempre sem esmorecer.

Após a tempestade que lhe vergasta, a natureza se recompõe, refazendo a vida e amenizando a destruição aparentemente em desalinho... Renasce na germinação constante para manter o ciclo que lhe compete na linha da evolução.

Busquemos, também, após as dores acerbas que nos desequilibram e roubam a alegria de viver, ressurgir das brumas densas da tristeza e deixar brilhar a luz do entendimento e da esperança como cânticos de paz e amor, gerando novas oportunidades de crescimento espiritual para todos nós.

Todos adoecemos e procuramos usar a medicação adequada à restauração de nossa saúde, mas nem todos nós buscamos a cura real.

Atendamos ao apelo do bem, restaurando-nos fisicamente, mas, também, espiritualmente, através do amor e do perdão incondicional.

> Em verdade, alcançaremos a concretização dos nossos projetos de felicidade, mas, antes disso, é necessário liquidar com paciência as dívidas que contraímos perante a Lei.[11]

---

[11] XAVIER, Francisco Cândido. *Fonte viva*. Pelo Espírito Emmanuel. 24. ed. Rio de Janeiro: FEB, 2000, p. 292.

O idoso na família

A FAMÍLIA BEM estruturada em bases cristãs minimiza os desajustes e os conflitos dos familiares, e os idosos se sentem aceitos e integrados no grupo familiar, onde haja respeito, amor, solidariedade, ajuda mútua e compreensão.

A família é o ponto de sustentação e equilíbrio para o idoso.

O idoso bem ajustado no grupo familiar encontra mais facilidade para se integrar no meio social e para se manter ativo. O resultado de um bom relacionamento em família é o incentivo que o leva a participar de grupos de apoio e procurar ajuda, quando necessário.

Indiscutivelmente, o lar é o local mais adequado para o bem-estar físico e espiritual do idoso.

Não podemos descuidar de nossos deveres cristãos ao lidarmos com os idosos em nosso grupo familiar. É no ambiente doméstico que estaremos exercitando a caridade e, assim, habilitados a praticá-la de forma mais ampla, semeando amor e solicitude aonde formos chamados a servir.

É nosso dever despertar nos mais jovens sentimentos de respeito e amor pelos idosos, demonstrando-lhes que a educação e o carinho com que tratam os mais velhos são semeaduras para o futuro, porque eles também estarão vivenciando as mesmas dificuldades, necessitados de atenção e cuidados especiais.

Joanna de Ângelis nos leciona:

> É comum associar-se a velhice à rabugice, como se esta fosse privilégio dos anciãos.
> Quantos indivíduos rabugentos, antipáticos, agressivos e mal-humorados em todos os períodos da existência.
> A informação se deriva da observação precipitada em torno de alguns velhos, cujas famílias já se sentem cansadas deles, estigmatizando-os com epítetos e cáusticos. [...]
> A ocorrência da rabugice encontra justificativa na atitude que os adultos têm para com os idosos: desprezam-nos, depreciam-nos, levam-nos ao ridículo, subestimam-nos, provocando essas reações psicológicas. Somente aqueles que dispõem de resistências morais relevantes suportam com certa indiferença esse comportamento que alguns mantêm em relação à sua idade. [12]

Vários fatores irão influenciar o relacionamento do idoso com o grupo familiar.

Vamos analisar, primeiramente, as características do idoso em sua aceitação do envelhecimento físico e mental. Encontraremos três categorias:

1ª) Os que aceitam bem o envelhecimento:

¶ São interiormente tranquilos.

¶ Lidam com as perdas sem grandes preocupações.

¶ São otimistas, solidários, sociáveis.

¶ Exercem alguma função útil (trabalho voluntário), estudam, dedicam-se à leitura.

¶ Cultivam a religiosidade.

---

[12] FRANCO, Divaldo Pereira. *O despertar do espírito*. Pelo Espírito Joanna de Ângelis. Salvador: LEAL, 2000, p. 189-190.

Este grupo demora mais a envelhecer, tem uma adaptação melhor ao meio social e convive com mais harmonia no grupo familiar.

2ª) Os que não aceitam bem o envelhecimento:

- Não estão bem consigo mesmos.
- Reclamam da vida, das perdas, dos familiares.
- São pessimistas.
- Guardam mágoas e ressentimentos.
- Vivem isolados.
- Não exercem nenhum trabalho voluntário.
- Não possuem religiosidade, não oram.
- São revoltados, amargurados.

São conflitantes, dificultam a convivência familiar, gerando distúrbios e mal-estar entre os que estão junto deles. São os mais difíceis na convivência diária.

3ª) Não aceitam o envelhecimento e buscam mecanismos de defesa ou camuflagem:

- São irresponsáveis e voltam a agir como crianças.
- Desejam aproveitar de tudo.
- Negam sua idade.
- Vivem saudosamente uma vida de adolescente, com conflitos, rebeldias.
- Buscam na remodelagem externa, como plásticas, roupas inadequadas à idade, nos hábitos e nas posturas, mascarar sua realidade.

Nas duas categorias que não aceitam o envelhecimento, encontramos os idosos mais difíceis, devido a não compreensão dos valores reais da existência, à falta de espiritualidade e ao apego excessivo à matéria.

São justamente essas duas categorias que envelhecem mais rapidamente, tanto na parte exterior, das formas e expressões faciais, como no aspecto psicológico.

Os idosos que não convivem bem consigo mesmos, que não têm compreensão de sua realidade e da beleza desta etapa da vida, são os que demonstram um relacionamento familiar mais difícil.

Além dos fatores enumerados acima, podemos mencionar os problemas socioeconômicos, a afinidade espiritual e as características da família.

Não existem padrões específicos de como deverá o idoso se comportar no meio familiar, como também não há regras para uma boa convivência dos familiares para com ele. Devemos estar atentos ao fato de que é na terceira idade que se iniciam as grandes mudanças sociais e emocionais em sua vida de relação.

Para uma pessoa que foi, durante muitos anos, o centro, a figura mais destacada do grupo familiar, e quando envelhece perde esta posição para outro participante da família, algumas vezes, a sua adaptação a esta nova condição poderá gerar conflitos e desajustes.

Compreendendo os seus problemas vivenciais, iremos nos empenhar em minimizar suas dificuldades e tentar uma convivência saudável e fraterna para que a família se sinta ajustada e feliz.

Como espíritas, teremos de buscar um relacionamento fraterno e amoroso com aqueles que Deus colocou em nossas vidas, tendo em mente que todos nós estamos passando ou iremos nos defrontar com situações idênticas, e o que hoje semeamos iremos colher no futuro em bênçãos de paz e amor ou abandono e solidão.

Respeito, paciência, compreensão de suas necessidades deverão ser observados no relacionamento com os idosos, tanto em nosso lar como na comunidade social a que estejamos vinculados.

Nesta fase de suas vidas, muitos perdem os pais, aposentam-se, ficam mais sozinhos com a saída dos filhos já adultos. Outros ficam na dependência material dos familiares ou têm a responsabilidade de assumir os filhos já casados, com a incumbência de, muitas vezes, cuidar dos netos. O fator socioeconômico é muito importante para um bom relacionamento, não apenas para o poder aquisitivo do idoso, mas para que se mantenha independente e mais respeitado no contexto familiar.

A afinidade espiritual é um fator decisivo para um bom relacionamento no grupo familiar. Nem todos se agrupam na mesma família pelos laços da afetividade e do amor. Progredimos moralmente através do reajuste das relações na convivência diária, no amor dos familiares já em condições de acolher e ajudar.

Nem sempre as oportunidades de ressarcir débitos do passado são realizadas no lar bem estruturado. Muitas vezes, são vivenciadas através da dor e da renúncia, em ambientes hostis, que os ajudem a superar suas dificuldades e progredir espiritualmente.

Joanna de Ângelis nos leciona:

> A família é o laboratório de vivências das mais expressivas de que necessita o ser humano, no seu processo de evolução, porquanto, no mesmo clã, os indivíduos são conhecidos, não podendo disfarçar os valores que tipificam. [...] No recesso da família renascem os sentimentos de afinidade ou de rechaço que os Espíritos preservam de outros relacionamentos felizes ou desventurados em reencarnações transatas, refletindo consciente ou inconscientemente como necessidade de liberação dos conflitos, quando forem dessa natureza, ou intensificação da afetividade, que predispõe às manifestações mais significativas do amor além da esfera doméstica.[13]

Mesmo enfrentando problemas de relacionamento, se buscarmos nas lições de Jesus a compreensão maior de nossas vidas e haurirmos os benefícios do amor e do perdão, todos nós conseguiremos vencer os obstáculos de uma convivência difícil.

O nível social e de educação do grupo familiar, as características sociais de excessiva disciplina ou estrutura rígida e muito conserva-

---

[13] FRANCO, Divaldo Pereira. *O despertar do espírito*. Pelo Espírito Joanna de Ângelis. Salvador: LEAL, 2000, p. 136.

dora geram conflitos com os mais jovens, porque os avós não aceitam as mudanças naturais que vão surgindo com a evolução dos costumes, dificultando o entrosamento e a adaptação de todos.

Surgem, então, os conflitos de gerações, causando dificuldades no grupo familiar.

Quando os familiares entendem que os idosos têm necessidades, aspirações, direitos, diminuem as dificuldades de um relacionamento harmônico, porque cada membro respeita a privacidade do outro e todos têm a liberdade de se expressar, de agir conforme seus desejos.

Cabe ao idoso, por sua vez, procurar se manter atualizado, entendendo que todos evoluímos sem nos afastar dos níveis éticos estabelecidos para uma vida saudável, e se adaptar, dentro dos limites possíveis, a um convívio ameno para não tornar sua presença indesejável.

Não podemos nos esquecer de nossos deveres cristãos, agindo com lealdade e amor. Não foi por acaso que nos agrupamos em determinadas famílias e, sim, em consequência de méritos ou deméritos, como resultado de acertos ou omissões do passado.

Como espíritas, devemos buscar uma convivência pacífica com todos os familiares, lembrando que estamos interligados por laços de fraternidade, por nossa origem como filhos de Deus; e o que hoje semeamos em nosso caminho, iremos colher no futuro em bênçãos de paz ou tribulações, dificultando nossa caminhada nesta vida ou na outra dimensão espiritual.

Dor e evolução

Chove torrencialmente... A natureza reverdece sob a neblina, que de forma cadenciada molha os campos e as montanhas da Fazenda, trazendo de volta a vida que se escondia no chão ressequido pela estiagem... As pastagens verdejantes enfeitam os contornos do vale que se estendem até o lago, onde as águas, em ondas ritmadas pelo vento e o cair das chuvas mais frequentes dos últimos dias, acalmam nossa alma. Os pássaros se escondem nos ninhos ou sob as copas das árvores que os protegem e quase não cantam, fazendo pequenos voos no amanhecer, sem se arriscarem às revoadas mais longínquas...

Há um silêncio neste dia, em que nos recolhemos, também, a nos proteger do tempo frio e chuvoso. Não nos arriscamos a caminhadas distantes...

Em momentos assim, de recolhimento e tranquilidade, aproveitamos o bucolismo campestre, que nos traz nostálgicas lembranças, para refletir em torno dos acontecimentos que afligem a todos nós...

Nesta fase de transição de nosso planeta, a natureza em convulsão arrebata vidas, destrói cidades, elimina meios de comunicação, dificultando a vida de muitos irmãos nossos.

Não podemos ficar indiferentes à dor que avassala e destrói tantas pessoas, que dilacera corações pelas perdas de entes queridos...

Buscamos sempre entender, através das lições que a natureza nos oferece, em sua paciente recuperação e mudanças frequentes, que nada é permanente e que a transitoriedade da vida nos torna mais livres para compreender nossa realidade espiritual.

Observando a simplicidade da vida no campo, envolve-nos um sentimento que nos comove pela grandeza das leis que regem nossos destinos, possibilitando-nos um novo recomeço, desde que estejamos empenhados em mudar nossa conduta, alterar os planos que nos torturavam com problemas insolúveis e, de maneira correta, nos possibilita aprendermos a conviver com nosso próximo, estabelecendo os laços fraternos, que são unicamente os que compensam nesta caminhada. Somos interdependentes e estamos interligados pelos mesmos ideais cristãos.

Entretanto, quando envolvidos pela agitação da cidade, retornando aos afazeres comuns, nossa disposição de mudar, de melhorar, de seguir os ensinamentos de Jesus, é esquecida e voltamos às mesmas atitudes de isolamento e dissensões... E, lamentavelmente, sofremos as consequências destes gestos equivocados...

Por que é tão difícil mantermos esse clima de paz e serenidade íntima?

A inconstância de conviver harmoniosamente com aqueles que estão mais perto de nós é motivada por nossa dificuldade em estabelecer como prioridades o sentimento fraterno, a tolerância e a compreensão. Priorizamos o orgulho, a vaidade e presumimos uma superioridade que ainda não temos na escala dos valores morais. Falta-nos a humildade.

Quando sofremos provações, esquecemo-nos de orar e nos lamentamos, abatidos pelo desânimo, sem utilizar os recursos que nos fariam melhores e mais compassivos, ignorando tudo o que já aprendemos com o conhecimento espírita...

Quantas vezes agimos com precipitação e desmandos, complicando o meio no qual laboramos?

Nesta manhã chuvosa, em que nos recolhemos no campo para o refazimento físico e mental, a natureza colabora para uma reflexão mais demorada, buscando respostas que nos esclareçam e nos levem, realmente, às mudanças tão necessárias para um melhor desempenho de nossas tarefas.

Infelizmente, não crescemos, ainda, sem os aguilhões da dor. Educadora por excelência, somente através dela reconsideramos atitudes, mudamos os rumos de nossa vida e nos reeducamos para seguir as diretrizes que a consciência lúcida nos indica.

> A dor é um degrau de nosso crescimento interior. Podando as arestas defeituosas de nossa alma, estabelece a predisposição de interiorizarmos as lições de Amor transmitidas pela vida. À medida, portanto, que houvermos vencido em nosso defeito ou deficiência, seremos submetidos aos testes de nossas aquisições, viveremos períodos de provação, para ganharmos direito de novas e mais profundas lições, na escola da vida.
>
> Dor e provação – geram a virtude, o céu interior.[14]

Condizente com este pensamento, é bom nos determos mais demoradamente nas cogitações dessas mudanças que nos farão melhores aprendizes das lições do Evangelho de Jesus e seus fiéis seguidores, buscando sempre a melhoria íntima tão necessária através do autoconhecimento, para que possamos compreender melhor nosso próximo e suportar corajosamente as dores e provações do caminho.

Na diversidade das situações que entristecem o nosso coração, evitemos o desânimo, oremos pelos irmãos que padecem dores acerbas e cuidemos de nossos deveres com maior intensidade.

Busquemos na oração o lenitivo e a segurança que precisamos para prosseguir com fé e certeza de que tudo se realizará conforme os desígnios de Deus.

---

[14] JACINTHO, Roque. *Kardec e Emmanuel*. P. 105-106.

Metodologia do amor

O Sol, como um disco de fogo, tenta romper a bruma deste amanhecer... Aos poucos, erguendo-se no firmamento, consegue impor sua luminosidade e brilha intensamente, pairando soberano e inigualável.

A densidade do nevoeiro vai diminuindo, e os raios que iluminam a Terra vão demonstrando sua sublimidade e beleza, refletidas nas cores matizadas do infinito.

É o poder da luz rompendo as trevas sem se intimidar...

A mutação da natureza é percebida por aqueles que a amam e respeitam, encontrando em seus exemplos motivações para viver... Contemplando este alvorecer, agradeço a Deus pela bênção do recomeço, e este momento de quietude leva-me a reflexões em torno das vivências e lutas que todos travamos para seguir confiantes na busca da realização de nossos ideais superiores.

A perseverança, a continuidade dos ciclos, as transformações que se sucedem recompondo a vida em sua plenitude induzem-nos a prosseguir para que não nos afastemos dos objetivos almejados.

Assim também em nossas vidas poderemos agir com esta perseverança na conquista dos ideais e reformulação de nossos planos para uma vida mais digna e promissora.

Quantas vezes somos impedidos de realizar nossos projetos, requerendo de nós a paciência para aguardar novas oportunidades?

Quantas vezes as circunstâncias adversas nos convidam ao fracasso, ao desânimo e à deserção dos deveres assumidos?

Seria lícito abandonar a luta quando a batalha já está quase ganha?

Prosseguir com determinação ou ficar acomodado, sem coragem de dar continuidade aos compromissos?

São momentos decisivos para todos nós. E é justamente quando os desafios surgem, ameaçadores, que testamos nossa capacidade de enfrentamento, nossa humildade e nossa coragem de prosseguir.

Joanna de Ângelis, no livro *Momentos de harmonia*, faz uma linda comparação entre as nossas lutas e aquelas enfrentadas pela terra abençoada diante da semeadura. Adverte-nos a benfeitora espiritual:

> Após a semeadura, "superados os graves períodos de amanhar a terra, retirando-lhe calhaus, abrolhos e pedrouços, surge o momento feliz em que as sementes se multiplicam a cem por um, a mil por um, prenunciando abundância de grãos sobre a mesa da esperança". [15]

Todavia, os desafios surgem, as lutas crescem e há necessidade de maiores cuidados para não se perder as searas promissoras do futuro. Mais do que nunca, há de se cuidar para que não se perca a semeadura... As facilidades são aparentes e temos de vigiar e proteger o que já realizamos.

No outono da vida, fazendo um balanço do que vivemos, já temos condições de analisar o que melhor nos convém dentro de nossas reais possibilidades.

---

[15] FRANCO, Divaldo Pereira. *Momentos de harmonia*. Pelo Espírito Joanna de Ângelis. Salvador: LEAL, 1992, p. 58.

Ao longo de nossas vidas, semeamos, através de nossos atos, o bem ou o mal, sempre evidenciando nossa condição moral. Nem sempre a semeadura é benéfica, e é natural que colhamos frutos amargos e nos sintamos feridos, na colheita, pelos espinhos da ingratidão e do desamor.

Estamos em um mundo de experiências dolorosas, resgatando débitos do passado, investindo em nosso crescimento espiritual, portanto, as lutas surgem, desafiadoras, incitando-nos ao abandono e à deserção.

É prudente e imprescindível redobrar a vigilância. Orar e trabalhar com afinco para não perdermos a colheita favorável que nos ajudará a crescer em nossa destinação espiritual.

Em nossa vida de relação, surgem momentos em que são avaliadas nossas condições reais diante dos que estão ao nosso lado.

Analisemos com maior empenho como estamos agindo ou reagindo diante dos problemas vivenciais...

Nossas atitudes de hoje serão refletidas nas conquistas de amanhã, e o tempo não perdoa aqueles que se acomodam na fantasia e na ilusão das glórias efêmeras.

O processo da evolução espiritual é lento e desafiador. Requer de todos nós perseverança, lucidez, humildade e muito amor para manter a linha de equilíbrio que nos favoreça caminhar com segurança e lograr as metas almejadas.

Viver intensamente as lições edificantes do Evangelho de Jesus em nosso dia a dia, buscando o autoconhecimento, o exercício do perdão e da fraternidade para cimentarmos as bases da nossa edificação espiritual.

> Quem se detenha a ler apenas o Sermão da Montanha, dar-se-á conta da proposta de Jesus às criaturas humanas, iniciando a Era do amor e de paz, de perdão e de misericórdia, de humildade e compreensão, de esperança e

de caridade. No entanto, o que têm feito muitos religiosos, nos últimos vinte séculos, a respeito desses postulados incomparáveis? [16]

Toda religião leva o homem à busca de uma maior proximidade com o Bem, com o autoconhecimento e a conquista da paz e da felicidade.

A religião espírita nos leva mais longe, porque nos indica o roteiro seguro para o progresso moral através do amor, alicerçado no perdão, na fraternidade e na compreensão maior do sentido da vida aqui na Terra – escola abençoada de nossas almas!

Os ensinamentos espíritas nos dão subsídios para saber de onde viemos, o que estamos fazendo aqui na Terra, para onde iremos após a morte física, ampliando nossa visão em torno do real sentido da existência, porque a fé raciocinada nos confere um entendimento mais amplo da Justiça Divina e de Suas sábias leis.

Esse conhecimento aumenta nossa responsabilidade diante dos desafios existenciais, requerendo maior discernimento e lucidez na solução dos problemas e dos empecilhos do caminho.

> As religiões são caminhos que devem conduzir o crente à paz e à felicidade, utilizando-se da metodologia do amor e da compaixão, a fim de serem superadas as más inclinações e induzi-lo ao autoconhecimento, de forma a compreender os limites que o caracterizam e as notáveis possibilidades de crescimento que estão à sua frente. [17]

Aproveitemos, então, essas amplas vantagens que a religião espírita nos confere, refletindo através de uma análise sincera de nossos atos com relação àqueles que conosco caminham e busquemos interagir com mais fraternidade e compreensão, amor e compaixão, como nos recomenda a nobre benfeitora espiritual.

---

[16] FRANCO, Divaldo Pereira. *Libertação do sofrimento*. Pelo Espírito Joanna de Ângelis. Salvador: LEAL, 2008, p. 25.
[17] *Id. Ibid.*, p. 24.

"Eu sou o Caminho"

Fiquemos em silêncio para que possamos ouvir os sussurros dos deuses. Há um caminho para cada um de nós, e se escutarmos com humildade, ouviremos a palavra certa.[18] – RALPH WALDO EMERSON

QUANTOS DE NÓS já escolhemos o caminho?

Quantos, mesmo o conhecendo, dele se afastam?

Creio que no mundo moderno muitos estão perdidos no labirinto das aquisições materiais e não têm tempo nem condições de escolher seus caminhos...

Seguem teleguiados pela mídia, pela ambição desmedida, pela competitividade com que tentam compensar sua insegurança, ocultando seus anseios e suas aspirações mais nobres.

Pena que isso aconteça ainda nesta fase em que todos nós que já adentramos a terceira idade deveríamos ponderar as razões de nossa inconstância nas escolhas que fazemos neste processo de desenvolvimento intelectual e tecnológico, esquecidos, muitas vezes, de nossos ideais, de nossa condição de espíritos imortais.

Matamos nossos sonhos, nossas aspirações mais nobres...

---

[18] CAMPBELL, Eileen. *Tempo de viver*. P. 83.

Jesus, nosso Mestre, conhecia o caminho e nos deu o roteiro seguro para seguir, vencendo as tribulações e dificuldades da vida. Apontou-nos a direção correta no cumprimento de nossos deveres, levando-nos a entender que o sentido da vida não está simplesmente nas conquistas materiais e, sim, na aquisição dos valores da alma.

Deixou-nos a motivação maior para seguirmos corajosos, porque provou a imortalidade da alma e como poderíamos adquirir sabedoria e paz, cultivando os valores da espiritualidade ínsita em cada um de nós, por nossa ascendência como filhos de Deus – Pai Criador.

Mas, infelizmente, temos nos deixado levar pela ambição e pelo desejo de demonstrar valores competitivos que enaltecem nossa vaidade e oprimem a real motivação de estarmos aqui na Terra, destinados a desenvolver nossa espiritualidade e nosso progresso moral.

Precisamos urgentemente cultivar os sentimentos de humanidade, porque já crescemos demais em inteligência e conhecimentos tecnológicos que facilitam a vida material, mas endurecem nossos corações.

Necessitamos de mais amor e sensibilidade, mais compaixão e docilidade no trato com nossos irmãos do caminho. Este caminho, muitos já o escolheram e o seguem resolutos, sabendo de sua destinação real aqui na Terra.

Não podemos nos perder em atalhos e sendas facilitadoras das conquistas materiais, mas que nos empobrecem e nos deixam perdidos, sem diretrizes. Sendo espíritos imortais, precisamos usar nossa inteligência na semeadura do amor, da paz, como luzes indicadoras da felicidade futura.

Esta é uma hora grave. Diante da transição de nosso planeta, que vence um ciclo evolutivo e passará em breve a mundo de regeneração, temos o dever de contribuir nesta transformação, usando dos recursos já amealhados ao longo das vidas sucessivas.

Temos a responsabilidade de conhecer o caminho, de compreender as diretrizes dos ensinamentos de Jesus e entender o esquema delineado nesta transição, onde estaremos conectados com as aspirações maiores do plano espiritual que comanda os empreendimentos de saneamento de nosso planeta e cuida para que sejam cumpridas as etapas para concretização de nossos destinos.

Podemos ajudar, mesmo não sendo detentores de grandes possibilidades, ainda, e estarmos distantes de realizações grandiosas que promovam o bem geral. Mas podemos colaborar começando por nossos pensamentos, centralizando nossas forças mentais no desejo sincero de mudar para melhor tudo o que estiver ao nosso alcance.

No lar, na sociedade, na comunidade religiosa, no trato diário com os que comungam nossos ideais e nossa vida de relação, teremos oportunidades valiosas de ajudar, fazendo nossa parte nesta grande empreitada.

As ferramentas de apoio são as virtudes excelsas que devemos cultivar em nosso mundo íntimo e vivenciá-las no momento em que formos chamados ao testemunho.

Parece simples, mas é bem mais difícil do que supomos, porque demanda paciência, compreensão, generosidade e, sobretudo, tolerância de uns para com os outros, aceitação do irmão que ainda nos insulta, daquele que foge ao nosso contato, evitando nosso apoio e carece de perdão e entendimento.

Os desafios do caminho, as cruciantes dores da alma, que tentam solapar nossas energias e fazer-nos sucumbir diante da incompreensão humana, quando somos chamados ao trabalho de redenção, são oportunidades que todos temos de ajudar na transformação moral da Humanidade. Todavia, se ficarmos lamentando, esperando dias melhores que nunca virão e perdemos as bênçãos da renovação deste crescimento espiritual, estaremos fadados ao fracasso.

São tantas as oportunidades de colaboração para a implantação deste mundo de paz e amor, a começar dentro de cada um de nós!...

Assim, queridos leitores, comecemos a construir esse mundo dentro de nossos corações e estaremos felizes e convictos de que este é o caminho de nossa redenção espiritual e que, através dele, poderemos caminhar com segurança, seguindo o roteiro que Jesus nos legou.

"Eu sou o Caminho..."

Além do Infinito

Partirei como o pássaro alçando a amplidão...
Voejando sempre cada vez mais alto,
Muito além do que é tangível e podemos contemplar
Sentindo em meu ser a paz inefável,
Sinalizando que devo partir,
Buscar muito além desta dimensão a luz das estrelas.
Deixarei na estrada por onde andei
Sinais das pegadas, marcas indeléveis
De minha presença na vida,
Retratando meus gestos, meus sentimentos,
E o que realmente sou...
Sei que um dia voltarei
No alvorecer de um novo tempo,
Buscando novos rumos, vestindo novas roupagens...
Falarei, novamente, da Lei Divina sábia e justa...
Cantarei as belezas do amor, da vida, da esperança e da fé!
Na felicidade intraduzível de renascer.
Reencontrarei os que amo e, juntos, prosseguiremos,
Nas vidas sucessivas,
O recomeço de um novo ciclo na linha da evolução!

O exercício da paciência

Neste entardecer, quando me detenho a repensar o que vivi ao longo deste dia, cumprindo meus deveres, atendendo aos que me buscam e alegrando a alma no trabalho voluntário que engrandece minha existência, uma tranquilidade invade-me o ser, convidando-me à prece, à reflexão mais profunda em torno do sentido de estar aqui, neste momento.

Contemplo as luzes que esmaecem no horizonte...

Sinto a paz que adormece meus sentidos e busco fluir o enternecimento diante da beleza do céu ainda azulado, das nuvens róseas quase imperceptíveis... Uma brisa suave ameniza a temperatura depois de um dia quente e ensolarado.

Os pássaros buscam seus ninhos, voejando em círculos e emitem sons maviosos, com uma sonoridade que me convida à alegria, à gratidão... A natureza, em toda a sua exuberância, neste entardecer, encerra mais um dia, fechando o roteiro de sua destinação que se renova sem interrupções...

Procuro, no exemplo da natureza que esplende diante de mim, a serenidade para realizar, também, este dia que termina para abrigar a noite.

É um momento mágico de cores, sons e luzes... Enquanto os raios do Sol esmaecem com a chegada da noite, as luzes da cidade vão se acendendo, iluminando as ruas, as casas e os prédios, como um festival de pontos coloridos na paisagem que se descortina a demonstrar que a vida prossegue; pessoas retornam a seus lares, famílias se reúnem após o labor diário e os laços da fraternidade são acentuados pelo aconchego deste reencontro dos que se amam.

A natureza é rica de ensinamentos e exemplos edificantes se conseguirmos olhar com maior profundidade seus ritmos e ciclos, que se alternam em sombras e luzes...

Viver requer paciência e confere a quem a possui o equilíbrio emocional para vencer os desafios do caminho e se sobrepor aos obstáculos que ainda existem como provações e desencontros nesta jornada que é a vida de todos nós.

Neste mundo de tanta correria, da busca desenfreada do prazer, das conquistas materiais que desgastam e dilaceram os ideais mais nobres, o homem se aturde diante do que acontece em torno de si, esquecido de observar seu mundo íntimo, sua condição de espírito imortal, descuidando dos objetivos de sua existência aqui na Terra.

Joanna de Ângelis nos leciona que:

> O sentido ético da existência faz-se substituído pela sensação do prazer incessante, e, na sua busca, todos os expedientes são considerados valiosos, sem qualquer respeito ou consideração pelos anelos e ideais alheios.
> Diante da grave conjuntura, não há alternativa para a conduta digna, senão através da paciência.[19]

Palavra latina, que significa *a ciência da paz,* a paciência é característica dos indivíduos que confiam em Deus, mantêm-se firmes em

---

[19] FRANCO, Divaldo Pereira. *Momentos enriquecedores.* Pelo Espírito Joanna de Ângelis. Salvador: LEAL, 1994, p. 39.

seus propósitos de vivenciar o que já aprenderam nos ensinamentos exarados pela doutrina cristã e vivenciam, a cada momento de sua existência, os valores morais já adquiridos.

Não é conquista fácil, porque depende do esforço pessoal na busca da transformação moral, na aceitação dos desígnios de Deus, e, por ser dinâmica, leva o ser a um processo mais acelerado de evolução, tornando-o mais livre e mais responsável.

Ser paciente não é ser submisso a tudo e a todos. Não é aceitar passivamente tudo o que lhe é imposto, sem um embasamento moral ou uma justificativa convincente. Requer o discernimento de analisar o que convém aceitar e o que poderá aguardar ocasião mais propícia para ser discutido ou resolvido. É saber resolver cada coisa em seu tempo certo, sem perder a serenidade de quem já prevê os acontecimentos, e também saber evitar os atritos inconsequentes e as discussões estéreis que desgastam o relacionamento humano.

Joanna de Ângelis nos ensina que os mais necessitados de paciência são os ignorantes das Leis Divinas, os fracos e omissos, os ingratos, os presunçosos e os rebeldes, porque são eles que precisam de ajuda.

> Tem, pois, paciência com eles, com todos aqueles que se tornam problema para ti, que criam dificuldades e te perturbam.
> Vale a pena investir nesses corações necessitados, que ignoram a carência e a infelicidade pessoal.
> Reveste-te de paciência e segue em confiança no rumo da tua perfeição.[20]

Nas lutas diárias, a paciência nos dá o tempo que precisamos para não agir com precipitação nem injustamente com aqueles que convivem conosco.

Não importam as dificuldades e as lutas do caminho. É justamente no enfrentamento dos problemas vivenciais que fortalecemos nossa fé e através do conhecimento que nos tornamos mais livres dos preconceitos, das amarras da ignorância, que são barreiras ao nosso crescimento moral...

---

[20] FRANCO, Divaldo Pereira. *Momentos enriquecedores*. Pelo Espírito Joanna de Ângelis. Salvador: LEAL, 1994, p. 42.

Livres para prosseguirmos sem esmorecer nas tarefas empenhadas...

Livres para as conquistas maiores do Espírito...

Pacientemente, de forma contínua e perseverante, lograremos vencer, a começar por nós mesmos, antes de tentarmos mudar nosso próximo, moldando-o ao nosso ponto de vista, nem sempre o mais correto.

Somente o autoconhecimento nos dará a clareza de raciocínio e a superação do egoísmo e da vaidade para conseguirmos nos analisar com sinceridade e reconhecermos que as mudanças mais importantes devem começar dentro de cada um de nós.

Esse conhecimento, aliado à paciência, nos motivará a sermos compassivos, humildes e generosos para com todos os que caminham conosco nesta maravilhosa aventura que é a vida, em sua grandeza imensurável.

Entendendo melhor o idoso...

GRANDE NÚMERO DE pessoas tem medo de envelhecer. O próprio termo *velhice* vem sendo substituído pela expressão *terceira idade*, para causar menos impacto. Evitamos o vocábulo *velho* e usamos *idoso*, como se a troca das palavras pudesse neutralizar alguns sentimentos de perda e a insegurança que muitos sentem nesta fase da vida.

Modernamente, a Sociologia já define a velhice não apenas como uma destinação comum a todos os seres humanos, mas como uma categoria social; nos países mais desenvolvidos, incluindo o Brasil, tem sido desenvolvida uma política social mais humana com relação ao idoso.

Temos, nos dias atuais, duas grandes categorias de idosos: os que vivem em seu grupo familiar e os que estão em obras assistenciais, em clínicas geriátricas ou mesmo abandonados, carentes e sem os recursos necessários a uma vida digna e saudável.

Não podemos nos omitir diante deste grave problema social.

Não devemos nos esquivar diante dos deveres junto aos que estão próximos de nós no grupo familiar nem, também, deixar de estender nossa colaboração aos que estão carentes de afeto e distantes dos entes queridos.

Com tal preocupação, conforme relatei anteriormente, no final da década de oitenta, iniciei na Casa Espírita, em Juiz de Fora (MG), um núcleo de atendimento ao idoso. Logo depois, em 1992, foi criado o DAF – Departamento de Assuntos da Família, e o trabalho com o idoso passou a integrar este setor.

Entendendo melhor o idoso, observando como vive e reage ante as dificuldades de seu mundo, em diferenciadas classes sociais, iremos lidar melhor com suas carências afetivas, suas dores, seu isolamento involuntário e outras dificuldades inerentes à sua faixa etária.

Para este trabalho, buscamos ajuda nos recursos da Doutrina Espírita e em entidades que já realizavam este atendimento. De todas as dificuldades que encontramos, naquela época, a mais evidente e constrangedora foi o preconceito. Muitos idosos, da própria instituição espírita, se escusavam a participar, considerando discriminatório este trabalho.

Atualmente, muitas ações melhoraram com relação ao idoso, entretanto, há trinta anos, poucas entidades se preocupavam com este problema social, dedicando-se tão somente à assistência social aos mais carentes.

Infelizmente, existem pessoas que ainda possuem uma tendência a marginalizar o idoso e considerar aquele que já atingiu a idade da aposentadoria como descartável, supérfluo, incômodo, ligando sua presença à ideia da morte, da finitude. É mais fácil envelhecer em outras culturas, como a africana e a asiática, em que o velho é venerado como portador de valores e tradições.

Entretanto, muitos de nós já entendemos que envelhecer não é apenas ter vivido muitos anos. Começamos a envelhecer quando perdemos a confiança e a fé nas outras pessoas. O essencial é como nos sentimos, como vivemos, como nos relacionamos com a vida e com o grupo familiar e social.

Analisando o conceito de uma forma mais ampla, podemos dizer que a velhice biológica é contada pelos anos vividos e a velhice mental é aquela que se expressa através de nossas atitudes diante das dificuldades diárias, medida pela maturidade na solução dos problemas, dos recursos amealhados no viver, no discernimento e na compreensão do sentido existencial.

Existem velhos imaturos e jovens com um grau acentuado de maturidade mental. Esta avaliação é orientada pela evolução espiritual de cada ser.

Ao atingirmos a maturidade física e emocional, a vida é a soma de nossas decisões... Somos hoje o que semeamos no passado em nossa vida de relação e o resultado do nosso constante aprendizado quando nos dispomos às conquistas imperecíveis do espírito imortal.

Somos caracterizados pelas conquistas já realizadas, pelos sonhos e projetos de vida, pelas vivências tranquilas ou ações perturbadoras que influenciaram e nos colocaram, atualmente, diante das consequências de nossos gestos e atitudes nos relacionamentos humanos.

Se enquanto idosos já podemos seguir a vida sem muitas exigências exteriores e sociais, isto não nos livra das responsabilidades diante do próximo ou daqueles que estão caminhando ao nosso lado na vida familiar ou social.

Aprendo muito nas reuniões semanais que realizamos com o grupo da terceira idade em nossa Casa Espírita, e hoje já sabemos que muitas conquistas nos beneficiaram ao longo de todos esses anos. Aprendemos que velho é aquele que já perdeu a jovialidade, que vive voltado para as coisas do passado, que não deseja aprender, que não estuda, que não sonha e nem gosta de conviver...

Assim, vamos ensinando e aprendendo que o idoso também sonha, ama, faz projetos de vida, gosta de falar de sua vida, tem fé no futuro e sabe que é imortal, que nada se perde neste aprendizado sublime que é a existência.

Existem idades diferentes no coração. É essencial que saibamos contar a idade através desta colocação para entender a beleza da vida e de tudo o que nos cerca quando podemos ainda desfrutar da exuberância da Natureza, rica em lições para todos nós.

Para entender o idoso e poder atendê-lo com maior solicitude e carinho, precisamos seguir algumas regras e compreender seu mundo. Assim, é preciso:

¶ Saber ouvir. O idoso precisa de alguém que o escute. Junto ao processo de desgaste exterior, cresce a necessidade de falar de seu mundo íntimo, de suas angústias, de seus medos, de suas perdas, de sua vida.

¶ Despertar no idoso o valor da vida, levando-o a enfrentar seus problemas com otimismo, fé e confiança. Fazê-lo sentir que não está sozinho.

¶ Falar-lhe da imortalidade da alma, da vida futura, da realidade do mundo espiritual. Tratar do assunto morte com naturalidade, amenizando seus receios e incentivando-o a encarar esta transição sem medo ou insegurança.

¶ Despertar no idoso autossuficiente o interesse pelos outros e pelo mundo que o cerca, mostrando-lhe a grandeza de seu patrimônio de vida e de sua liberdade.

¶ Mostrar as vantagens de usar sua liberdade e seu tempo em atos de solidariedade, evidenciando seu bem-estar físico e espiritual quando os utiliza para estudar, viajar, doar algumas horas a trabalhos voluntários.

¶ Evidenciar para ele sua sabedoria, a riqueza de sua experiência, de seu conhecimento, de suas possibilidades de aprendizado e dar ao idoso a oportunidade de mostrar suas habilidades, favorecendo aos que precisam de sua ajuda. Ele se sentirá útil e sua autoestima será mais elevada.

¶ Conversar, sempre que possível, com seus familiares, esclarecendo-os das reais necessidades do idoso, mostrando, na visão espírita, o que poderão realizar para melhorar o relacionamento entre todos.

Além do trabalho voluntário em nossas casas espíritas, não podemos nos descuidar dos deveres cristãos ao lidarmos com os idosos em nosso grupo familiar. É no ambiente doméstico que estaremos exercitando a caridade e, assim, sendo habilitados a praticá-la de forma mais ampla, semeando amor e solicitude ao longo dos anos que ainda nos restam.

> O maior exemplo de trabalhador voluntário temos em Jesus, que somente se dedicou a todos, sem qualquer pedido de retribuição. Prometendo o reino dos Céus, modificou as paisagens da Terra. [...]
> Terapia abençoada, o trabalho é mensageiro de recursos emocionais, psíquicos e orgânicos que restauram o bem-estar no ser humano e impulsionam-no ao crescimento interior, ao desenvolvimento de valores que lhe dormem inatos, preparando-o para a libertação dos impositivos materiais quando chamado de retorno à Vida.[21]

---

[21] FRANCO, Divaldo Pereira. *Libertação pelo amor*. Salvador: LEAL, 2005, p. 93.

Planos da alma

Quando nos sentimos ameaçados por problemas, dores ou contratempos na vida cotidiana, principalmente nos relacionamentos, rogamos em preces o afastamento das dificuldades e das pessoas que, de alguma forma, perturbam nossa caminhada.

Em *O evangelho segundo o espiritismo*, Allan Kardec fala, no capítulo XXV, da necessidade de nosso constante esforço na solução das dificuldades do caminho, dos desafios, dando-nos a entender que não basta orar e pedir ajuda aos benfeitores espirituais para que facilitem ou resolvam nossos infortúnios, mas que nos deem a coragem e a determinação correta na busca das soluções.

Analisando esse capítulo sob o ponto de vista moral, como faz o insigne Codificador, encontramos uma riqueza de material para reflexão diante das dores da alma e dos impedimentos ao nosso progresso espiritual.

Quantas vezes, nas crises vivenciais, rogamos o afastamento do que nos magoa ou fere o coração?

Orando, em momentos de dificuldade, diante daqueles que nos causam impedimentos ou perturbam nosso trabalho, seja no lar, na vida profissional ou na casa espírita, oramos com veemente desejo de que se afastem de nós ou que mudem sua posição para que não nos atrapalhem os planos, mesmo quando estamos imbuídos do desejo sincero de acertar sem prejudicar a quem quer que seja...

Infelizmente, ainda nos detemos na contemplação do mal, mesmo sem o desejo consciente de praticá-lo, porque preferimos o afastamento da dor, da dificuldade, da pessoa que nos agride, a buscar outros meios de vencer os impedimentos, conquistar, com exemplo e humildade, aqueles que constituem pedras em nosso caminho.

Emmanuel, em se referindo às dores do mundo, aos embaraços que o processo evolutivo nos impõe como fatores educativos e de crescimento espiritual, fala que não devemos pedir o afastamento destes empecilhos e, sim, suportar com serenidade, para que não percamos as vantagens destas oportunidades que estão inseridas nos planos da alma, motivando nosso crescimento moral.

E nos aconselha:
> Não solicites o desaparecimento das pedras do caminho. Insiste na recepção de pensamentos que te ajudem a aproveitá-las.
> Não exijas a expulsão do adversário. Pede recursos para a elevação de ti mesmo, a fim de que lhe transformes os sentimentos.
> Não supliques a extinção das dificuldades. Procura meios de superá-las, assimilando-lhes as lições.[22]

E conclui: "Nada existe sem razão de ser". [23]

A dor tem função educativa, burilando nossos espíritos e nos preparando para as conquistas imperecíveis que nos conduzirão pela senda do progresso moral. Como seres imortais, estamos destinados à superação do mal e a permanecer no mundo em condições de vencer as lutas e os desafios.

---

[22] XAVIER, Francisco Cândido. *Fonte viva*. Ditada pelo Espírito Emmanuel. 24. ed. Rio de Janeiro: FEB, 2000, p. 363.
[23] *Id. Ibid.*, p. 364.

Emmanuel fala, nesse aconselhamento, que estamos inseridos na lei natural e já compreendemos os objetivos de nossa permanência na Terra, concitando-nos a entender com maior profundidade os planos da alma como cristãos inseridos nas tarefas de caridade e propagação dos ensinamentos de Jesus.

A vida terrena é transitória e efêmera é a estabilidade do que acontece, sendo nosso dever colocar as obrigações assumidas e o compromisso de trabalho no Bem acima de quaisquer divergências doutrinárias e impedimentos criados em nossa vida de relação.

Se nos consideramos agentes do bem, não podemos perder tempo com as equivocadas posições dos que se comprazem em difundir o mal.

A oração nos dará forças e o discernimento necessário para evitar as dissensões e os julgamentos precipitados.

Analisemos o que nos diz Allan Kardec:

> [...] Pedi bons conselhos e eles não vos serão jamais recusados; batei a nossa porta e ela se vos abrirá; mas, pedi sinceramente, com fé, confiança e fervor; apresentai-vos com humildade e não com arrogância, sem o que sereis abandonados às vossas próprias forças e as quedas que derdes serão o castigo ao vosso orgulho.[24]

Fazendo a nossa parte, envidando esforços no sentido de vencer as dificuldades, iremos desbravando caminhos que nos conduzirão certamente à conquista da paz e da serenidade íntima, fazendo com que vejamos as lutas sob outro prisma, sem revolta e sem amargura.

Joanna de Ângelis nos diz que:

> Enquanto te encontres na roupagem física, defrontarás lutas e processos desafiadores, a fim de que se desenvolvam os divinos recursos que possuis e de que nem sequer te dás conta. Através dessas rudes pelejas, irás desbastando as camadas que os ocultam, ensejando-te a descoberta desses tesouros enriquecedores. [25]

---

[24] KARDEC, Allan. *O evangelho segundo o espiritismo*. P. 427.
[25] FRANCO, Divaldo Pereira. *Atitudes renovadas*. Pelo Espírito Joanna de Ângelis. Salvador: LEAL, 2009, p. 95.

Vivendo no mundo é natural que encontremos, ainda, tropeços e embaraços dificultando nossa caminhada na senda da evolução, entretanto, não pertencemos ao "mundo" das conquistas puramente materiais, porque já estamos buscando a compreensão maior da vida em sua plenitude, e o autodescobrimento é fator essencial ao nosso progresso moral.

Desperta e vive

Tarde chuvosa, neste tempo primaveril que deveria brindar a vida com o céu sempre azul e o Sol dourando as árvores que circundam nosso bairro, e iluminar as flores que deixam cair suas pétalas no chão molhado, colorindo as calçadas e dando uma beleza singular à paisagem que se destaca no asfalto cinzento e frio.

Caminhantes sobem a rua, procurando suas casas, e carros velozes passam diante de minha varanda, certamente se dirigindo a seus lares, onde descansarão dos labores desta semana que se finda.

Refletindo em torno do viver nestes dias tão conturbados, várias considerações assaltam-me e tento coordenar os pensamentos para conversar com você, querido leitor, neste sábado mais silencioso e triste que aqueles que se apresentam ensolarados e festivos.

Todos nós caminhamos em direção à vida, que estua além dos limites físicos. Se já buscamos, nos objetivos reais da existência, vivenciar as conquistas amealhadas nas experiências adquiridas através das lutas, das dores e dos testemunhos inerentes ao nosso grau evolutivo, estamos conscientes de nossa realidade espiritual.

Atravessamos fases distintas neste processo de crescimento espiritual, diversificadas pela posição que ocupamos no mundo, principalmente por nosso comportamento diante das adversidades e do sofrimento.

Assim como a semente minúscula sofre o aprisionamento, a solidão, lutando contra os empecilhos que tentam impedir seu desenvolvimento natural, seja na terra que a comprime, na ausência da luz que limita sua expansão, nós sofremos nas lutas do dia a dia as dificuldades e os impedimentos na busca da redenção espiritual. Contudo, a semente supera todos os entraves ao seu germinar e desponta tímida no seio da terra para crescer e, vigorosa, cumpre seu papel, de variadas formas, nas fases de seu crescimento, dando origem à planta que se transformará em árvore benfazeja ou em arbusto florido, enfeitando a vida e perfumando aos que passarem em seu caminho...

Quando o ser busca a iluminação interior e se propõe a conquistar os valores imperecíveis da alma, enfrenta obstáculos para vencer todas as heranças atávicas que se incorporam em sua individualidade... Terá de buscar a força necessária na prece, na meditação, no exercício constante da compaixão, para que sua mente se liberte e possa se expandir na direção das metas almejadas.

Não será se isolando e fugindo do mundo que encontrará a paz e a harmonia íntima e, sim, no cumprimento de seus deveres, nas lutas e dificuldades criadas por ele mesmo, no equilíbrio de um relacionamento sadio e estável com aqueles que a vida colocou em seu caminho. Aceitar os desafios e não se acomodar. Vencê-los com paciência e muita coragem para que o amor direcione seus gestos e esta aceitação não o impeça de lutar por um mundo melhor, começando pelo despertar de sua consciência ante sua destinação espiritual.

Como conseguir este equilíbrio neste mundo tão conturbado?

Como enfrentar a luta sem nos deixar levar pelo desânimo e pela incompreensão, quando tudo parece conspirar contra nossas melhores aspirações?

Não existe diretriz mais segura do que buscar nos ensinamentos de Jesus a compreensão maior de nossos destinos e as normas que orientarão nossa consciência.

Estar desperto para a necessidade da introspecção, do autoconhecimento e se preparar convenientemente para o enfrentamento das dificuldades vivenciais é todo um processo de crescimento que somente nós mesmos poderemos realizar, desde que estejamos empenhados na reparação constante das faltas e no aprimoramento íntimo..

Muitos caminheiros que se entregam às conquistas do poder, da notoriedade, da riqueza material estão mortos para esta realidade espiritual.

O apego às coisas transitórias do mundo os impede de acordar para as finalidades reais de sua existência, distanciando-os dos valores morais e da riqueza do conhecimento da verdade que poderia libertá-los das algemas que ainda os prendem às coisas materiais.

Quando Jesus convida o moço rico para segui-lo e ele ainda não consegue se desvencilhar das obrigações que o retêm, Ele lhe diz: *"Segue-me e deixa aos mortos o cuidado de enterrar seus mortos."* (*Mateus*, 8:22).

Sabemos que Jesus não se referia nesta advertência aos cadáveres, e sim aos mortos que se ausentam da vida, no sentido de estarem presos à matéria inerte, perdidos nas sombras da morte ainda vivos e sem atinar com os objetivos reais da existência. Refugiam-se nas conquistas materiais, cercados pelo egoísmo e pela ambição desmedida, esquecidos de que um dia terão de abandonar todas estas coisas e, surpresos, verão que sempre estiveram presos em suas próprias mentes, impedidos de viver plenamente a vida.

Joanna de Ângelis nos leciona:

> A vida é mais do que as satisfações temporárias que facultam sensação de segurança e de bem-estar, logo cedendo lugar às emoções que anelam por beleza interior, por harmonia e autoconfiança. [...]

> Certamente, a aquisição de recursos amoedados, o destaque na sociedade, a satisfação de alcançar as metas a que se propõem, constituem objetivos que são estimuladores para tornar a existência aprazível e significativa. No entanto, o erro está em considerar-se que esses são os únicos fins que devem ser disputados, mesmo que se faça necessário o investimento da saúde física, emocional e moral.[26]

Todos nós que nos dizemos seguidores de Jesus estamos ainda distantes de encontrá-Lo, porque nos perdemos nos labirintos da dúvida, distantes da fraternidade real, temerosos de realizar o despojamento necessário para adquirir a liberdade de poder segui-Lo sem as amarras das preocupações que ainda nos prendem no mundo das sensações e do poder temporal.

Vivendo em sociedade, não podemos nos marginalizar, alheios ao que acontece em torno de nós. A busca do autodescobrimento não nos afasta dos compromissos com a vida. É um processo de autolibertação que nos torna mais livres para auxiliar aos que não conseguem seguir o caminho que já percorremos. Conhecendo-nos mais profundamente, melhor compreenderemos o nosso próximo em suas lutas e necessidades.

> Boa vontade e cooperação representam as duas colunas mestras no edifício da fraternidade humana. E contribuir para que a coletividade aprenda a pensar na extensão do bem é colaborar para que se efetive a sintonia da mente terrestre com a Mente Divina.[27]

Com essa assertiva, Emmanuel nos convida a ajudar na construção de um mundo melhor, dando nossa parcela de amor para que os outros se sintam valorizados diante da vida e busquem na iluminação de seu íntimo o apoio para viver em plenitude.

Todos podemos ajudar e sermos ajudados, desde que a compreensão norteie nossos passos e saibamos valorizar todos os gestos de amor que possamos doar e receber da vida.

---

[26] FRANCO, Divaldo Pereira. *Encontro com a paz e a saúde*. Salvador: LEAL, 2007, p. 71.
[27] XAVIER, Francisco Cândido. *Fonte viva*. Pelo Espírito Emmanuel. 24. ed. Rio de Janeiro: FEB, 2000, p. 322.

E Emmanuel sabiamente nos convida:

> Cedamos algo de nós mesmos, em favor dos outros, pelo muito que os outros fazem por nós. Recordemos desse modo o ensinamento do Cristo. Se encontrares algum cadáver, dá-lhe a bênção da sepultura, na relação das tuas obras de caridade, mas em se tratando da jornada espiritual, deixa sempre "aos mortos o cuidado de enterrar seus mortos".[28]

---

[28] XAVIER, Francisco Cândido. *Fonte viva*. Pelo Espírito Emmanuel. 24. ed. Rio de Janeiro: FEB, 2000, p. 320.

Coragem de envelhecer

Será preciso coragem para envelhecer?

Creio que não. Apenas coragem para viver cada momento com dignidade e sabedoria, enfrentando os desafios do caminho com serenidade íntima e fé em Deus.

O maior desafio com que nos defrontamos neste entardecer da existência é buscar uma qualidade de vida que nos dê segurança e recursos para enfrentar algumas dificuldades naturais do processo de envelhecimento físico.

Viver intensamente cada dia. Buscar o melhor para bem viver, desfrutando dos recursos naturais que a vida nos concede, que a inteligência permite que aproveitemos, buscando o aprendizado constante, as realizações pessoais que nos façam felizes e proporcionem a paz interior.

A Medicina tem oferecido recursos valiosos e terapias para prolongar a existência humana, favorecendo a resistência orgânica, aumentando a imunidade, mas o importante não é viver longos anos apenas, mas acrescentar qualidade de vida aos anos a serem vividos.

Ter um objetivo, buscar um ideal que alimente o Espírito em sua caminhada evolutiva.

Temos exemplos edificantes de seres humanos notáveis que realizam ou realizaram obras grandiosas nesta última etapa de suas vidas:

¶ Albert Sabin desencarna com mais de 80 anos de idade, trabalhando na Campanha contra a Paralisia Infantil.

¶ Madre Tereza de Calcutá combateu a miséria social, lutando pelos direitos humanos até o final de seus dias...

¶ Sobral Pinto, renomado jurista, desencarna aos 92 anos, trabalhando pela democracia e liberdade de expressão do ser humano.

¶ Albert Schuweitzer, em seu lendário hospital da selva, na África, estava com mais de 80 anos e exercia ao máximo seus potenciais criativos como médico, filósofo, teólogo e músico...

¶ Chico Xavier, missionário de alma simples que se agiganta no labor cristão, através de sua mediunidade com Jesus, viveu no desempenho e exemplificação do amor e da caridade.

¶ Divaldo P. Franco, com mais de 80 anos, prossegue incansável sua missão de divulgar o Espiritismo pelo mundo e desenvolvendo tarefas assistenciais em favor dos marginalizados e carentes, soerguendo-os com sua metodologia do amor...

São tantos os que laboram, mesmo no anonimato, confiantes em Deus, buscando um sentido maior para suas vidas, alimentados pelo amor e pelo idealismo que os impulsionam a seguir...

Todos esses seres deram um sentido novo ao problema existencial. Ficaram fisicamente envelhecidos, perderam a vitalidade orgânica, mas não perderam o ideal, a crença indestrutível na força do amor.

Sempre que recordo estes missionários do amor, que viveram motivados por um grande ideal, recordo as palavras do poeta Kalidase, que viveu no século IV a.C.:

Olhe para este dia
Pois isto é vida, a genuína vida da vida
Em seu breve curso
Repousam todos os fatos e as verdades da nossa existência...
A alegria do crescimento
A glória da ação
O esplendor da beleza
Pois o dia de ontem não passa de um sonho
E amanhã é apenas uma visão,
Mas o hoje bem vivido
Torna todos os ontens um sonho de felicidade
E todos os amanhãs uma visão de esperança.
Olhe bem, então, para este dia!
Eis a saudação para a aurora. [29]

Assim, estimados leitores, não precisamos temer o envelhecimento, e, confiantes em nosso futuro espiritual, encontraremos um sentido para nossas vidas e um ideal que nos motive a viver bem estes derradeiros anos.

Não abrigar em nossas mentes o medo infundado do que irá acontecer de pior no dia de amanhã e sim procurar entender o que se passa em nosso mundo íntimo, afastando a angústia, a incerteza e o receio que nos levam a adoecer e, o que é pior, a perder a motivação para viver e desfrutar a beleza do que está diante de nós, na natureza, nas pessoas que nos amam, nos livros que nos fazem companhia e tantas outras facilidades que a vida moderna nos propicia...

Viver apenas das recordações do passado é um mecanismo de fuga da realidade e é prejudicial, porque nos impede de aceitar tranquilamente o processo natural do envelhecimento físico, levando-nos a perder o contato com os que estão ao nosso lado, tornando-nos pessoas amargas e tristonhas.

---

[29] CAMPBELL, Eillen. *Tempo de viver.* P. 90.

Infelizmente, pesquisas respeitáveis no campo da psicologia demonstram que 70% dos idosos vivem no passado. Faltou para estes indivíduos a preparação adequada para enfrentar o envelhecimento físico e mental. O passado deve servir de aprendizado, experiência que nos concede a sabedoria para encontrar, atualmente, o melhor caminho, a melhor decisão quando chamados a conviver em sociedade.

Podemos guardar lembranças que nos façam felizes e nos motivem a recordar sem amargura o que se foi, mas viver do passado, lamentando os dias atuais é perda de tempo e irá, aos poucos, nos distanciando dos familiares, dos amigos... Caminhamos para a solidão e para a enfermidade da alma.

Devemos abençoar nossa vida atual, tudo o que aprendemos em suas diferentes fases, desde nossa infância; entretanto, vamos priorizar nosso presente, como uma dádiva de Deus, que nos conservou até hoje para que valorizemos a vida, ajudemos aos nossos semelhantes e usemos de nossa experiência para dar apoio e ensinamentos benéficos aos que necessitarem de nossa contribuição.

Sintamos em nossos corações a esperança!

Com as luzes da esperança, nosso caminho será mais tranquilo e, mesmo que as pedras machuquem nossos pés, usemos o bálsamo do amor e do perdão para que não nos percamos nos labirintos da dúvida e do medo.

Vamos prosseguir confiantes! Poderemos comparar a velhice com a fria manhã de inverno, sem o sol a nos aquecer, cuja paisagem cinzenta nos leva a tristes recordações e ao vazio existencial, ou acender em nossos corações a luz do amor e da esperança, as benesses da fé e do otimismo...

Sob a luz do amor, nosso mundo íntimo estará resguardado da descrença e da amargura e passaremos a observar esta fase como um dia outonal, aquecido, ainda, pelo sol da esperança, da generosidade, produzindo frutos sazonados de nossos labores em favor daqueles que nos buscam sequiosos de orientação e carentes de afetividade.

Todos nós, observando as folhas de outono, voejando sob a brisa de um alvorecer de luzes, resistindo à poda benfazeja, porque sabem que voltarão a reverdecer a árvore que se cobrirá de flores na primavera, cuidaremos deste novo dia, confiantes em nossa destinação espiritual.

Colhemos atualmente, após décadas de abençoadas semeaduras, os frutos que cultivamos em nosso grupo familiar, na sociedade religiosa a que pertencemos, no meio social onde vivemos...

Somos, invariavelmente, o reflexo de tudo o que incorporamos ao nosso viver – os sentimentos, as emoções que vivenciamos, os gestos de amor que distribuímos pelo caminho, valorizando ou menosprezando a dádiva da vida...

Como a natureza, que se renova a cada estação, os ciclos da existência humana apresentam benefícios nas suas diversas fases, dependendo de como iremos utilizar os recursos e os valores reais que poderão enriquecer nossas vidas, conscientes de que estamos nos direcionando para o alvorecer da imortalidade.

A certeza da continuidade da vida em outra dimensão nos faz corajosos e pacificados diante do futuro.

Adentramos, nesta fase, ao entardecer da vida...

Há todo um mistério que nos seduz diante do que viveremos amanhã... Podemos semear ainda hoje a generosidade, cujas emanações irão, certamente, refletir nossa paz e as conquistas espirituais enriquecidas pela luz do amor.

"Ousar com o coração..."

Uma brisa suave acaricia meu rosto neste alvorecer, inundando de paz meu mundo íntimo...

Busco na contemplação da natureza o incentivo para prosseguir vivendo, e me inspiro na suavidade das cores que o céu apresenta em tons rosados, anunciando a chegada do Sol que ainda não despontou no horizonte. Esta renovação a cada novo dia me leva a sentir a grandeza da vida e o amor de Deus por todos nós, seus filhos, ensejando-nos novas oportunidades no recomeço que se faz a cada amanhecer.

A natureza é pródiga em bênçãos, a nos ofertar exemplos de diversidade em sua beleza e na perseverança dos ciclos que se mesclam nas diversas regiões de nosso planeta.

A variedade de tons que a vegetação apresenta aos meus olhos, a multiplicidade das flores que colorem os jardins da cidade e dos campos, encantam minha vida e suavizam as dores da alma, como a indicar que a esperança deve ser cultivada em minha mente para que eu possa prosseguir confiante, vencendo cada etapa a ser cumprida.

Olhando a paisagem, através da janela do meu escritório, ouvindo o canto dos pássaros que resistem à modernidade e ainda buscam as árvores que restam na rua em que moro para fazer seus ninhos, a paineira florida que se destaca na mata que circunda o bairro, tenho um sentimento mais acentuado de gratidão a Deus...

A alegria de estar vivendo e admirando o que toca meus sentidos físicos, a crença na continuidade da vida além da morte, a confiança no ser humano que vence suas limitações e procura voar mais alto em sua destinação feliz, a presença constante do amor em minha vida são fatores que me impulsionam a buscar a vivência fraterna e mais harmoniosa com aqueles que caminham comigo.

Amanhece. Surge um novo dia, e com ele o ensejo de vivenciá-lo com otimismo e fé, usando o conhecimento e a experiência já amealhados para enaltecer a vida, realizar o Bem e ser grata a Deus por tanta beleza!

Busco, assim, nesta reflexão, o impulso maior de seguir meu caminho e atender com solicitude a tudo o que me compete dentro de minhas obrigações junto à família, à sociedade e, principalmente, no trabalho voluntário que me sustenta e eleva.

Joanna de Ângelis leciona:

> O indivíduo lúcido, conhecedor das próprias possibilidades, ousa, na busca de novos mecanismos de iluminação e de paz, não se satisfazendo com as heranças recebidas nem as aquisições logradas. Dá-se conta de que sempre pode ir adiante, produzir mais, conseguir melhores resultados.[30]

Diante das dores da alma, dos desafios do caminho, havia uma força maior que me levava a prosseguir: era a certeza da transitoriedade de tudo e de que as coisas estariam diferentes se aguardássemos o tempo necessário para dissipar nossas dores e desencantos.

E assim tem sido sempre.

---

[30] FRANCO, Divaldo Pereira. *O amor como solução*. Pelo Espírito Joanna de Ângelis. Salvador: LEAL, 2006, p. 92.

Ainda hoje, quando o outono colore com tons mais emaciados e menos rutilantes a paisagem íntima, levando-me a reflexões mais profundas em torno do sentido da vida, há momentos de nostalgia, e uma tristeza invade meu ser...

Indagações surgem em minha mente com relação a tudo o que vivi nesta trajetória...

Os sonhos da mocidade, os projetos na vida profissional, as realizações e os encontros na família, a busca de uma vida melhor para todos aqueles que caminhavam comigo, os desencontros, os desenganos, as dores morais e as perdas...

Todas as recordações que afloram em minha mente já não constituem motivações para dores ou alegrias, apenas refletem o passado, a transitoriedade de tudo o que ficou como marcas no caminho que se alonga à minha frente, como um convite à renovação para prosseguir.

Todos esses acontecimentos são experiências que enriquecem minha atual existência e servirão de alerta para não falhar novamente. Tentarei buscar outros caminhos e outras atitudes mais corajosas, sempre à luz do Evangelho de Jesus.

Bendigo o conhecimento já adquirido, principalmente as lições assimiladas na Doutrina Espírita que nortearam meus passos, sustentaram-me nos momentos de crise e dores acerbas, nas perdas e nos desencontros do caminho...

Busco no trabalho abençoado, no labor espírita, a sustentação para prosseguir confiante e serena até que eu tenha de retornar ao mundo espiritual e, em novos ciclos de idas e vindas, crescer na direção do amor, do bem e da realização de meu progresso moral.

Há flores ainda em meu caminho, luzes de esperança e de amor iluminando meu coração, sonhos e projetos para uma vida melhor, embora o tempo escoe mais celermente na finalização deste ciclo biológico.

Em um convite à reflexão em torno de nossos valores morais, espero que você também, estimado leitor, ouse com o coração, como nos assinala Joanna de Ângelis:

> Urge ousar com o coração afervorado e a mente incendiada de júbilos, investindo esforços e empreendimentos iluminativos, de forma que a sombra da ignorância ofereça lugar ao conhecimento e faculte a compreensão dos valores que dignificam e promovem o indivíduo e a sociedade.[31]

---

[31] FRANCO, Divaldo Pereira. *O amor como solução.* Pelo Espírito Joanna de Ângelis. Salvador: LEAL, 2006, p. 95.

Quando eu partir

Quando eu partir e penetrar a dimensão espiritual
Ilimitada, deslumbrante, real...
Não quero nada a me prender ou reter nesta escalada,
Porque entenderei que o melhor para mim
Será seguir livre, confiante ao encontro da Luz...
Quando eu partir nada será mais verdadeiro que a alegria de prosseguir
Na grande viagem, retornando ao lar que deixei um dia
Ao adentrar neste mundo de tantos desencantos...
Compreenderei que o melhor para mim
Será caminhar sem amarras rumo às estrelas,
Sem os grilhões do remorso ou medos infundados.
Quando eu partir, nenhum desejo de ficar, nada a me deter...
A luz da fé ilumina meu coração cansado de tantas lutas,
Clareando meus derradeiros momentos.
Quando eu partir rumo ao meu destino,
Voejando livre como um pássaro na amplidão,
Estarei feliz porque compreenderei que além,

Lucy Dias Ramos

Muito além de tudo o que abandono,
Estarei percorrendo o caminho de volta,
No reencontro de tudo o que deixei um dia,
Reintegrando-me no mundo real,
No turbilhão das vidas sucessivas!

Indulgência – essa virtude esquecida...

NESTA MANHÃ PRIMAVERIL, as flores encantam nossos olhos, adornam nossos jardins e praças em tonalidades diversas, levando-nos à contemplação mais demorada de tudo o que nos cerca com promessas de vida e recordações da infância despreocupada e feliz...

Pensamentos afloram em minha mente com nítidas lembranças de outras primaveras exuberantes em cores adornando os campos, as matas e os gramados que contornavam a velha casa da fazenda...

Chegam até o recôndito de meu ser figuras fugidias que se esmaecem como a neblina com a chegada do Sol, e o cheiro da cozinha, onde o café aromatizava todo o ambiente, os biscoitos quentinhos, os pães artesanais convidando-nos ao desjejum, sempre alegre com a presença dos familiares e amigos que compartilhavam nossa vida...

A memória tem gradações e nuanças que se perdem diante da realidade, da forma e dos contornos da vida presente... Sendo seletiva, poderá ser acionada quando algum fato, perfume, música ou paisagem nos leve a rebuscar algo que se perdeu ou abandonamos na esteira do tempo...

Recordo com nitidez muitos fatos de minha vida, entretanto, outros se esmaecem como a fumaça tocada pelo vento... Perdem-se no esquecimento. Se porventura retornam, surgem como fantasmas que tento afugentar, porque retratam lembranças que desejo conscientemente esquecer.

É difícil olvidar as causas de nossos sofrimentos, as pessoas que nos feriram ou nos decepcionaram em determinado momento... Em minhas reflexões tenho buscado entender o motivo...

Não seria o perdão a esponja benfazeja que apagaria para sempre essas recordações?

É complexo o tema e não podemos julgar as pessoas através de comparações de atitudes ou posições que tomaram na vida. Há uma diversidade infinita nas causas que motivam as agressões ou os desagravos. Implicações morais mais profundas devem ser analisadas.

No capítulo X de *O evangelho segundo o espiritismo*, comentando as palavras de Jesus: *"Atire-lhe a primeira pedra aquele que estiver isento de pecado"*, Kardec comenta:

> Essa sentença faz da indulgência um dever para nós outros, porque ninguém há que não necessite para si próprio da indulgência. Ela nos ensina que não devemos julgar com mais severidade aos outros, do que nos julgamos a nós mesmos, nem condenar em outrem aquilo de que nos absolvemos. Antes de profligarmos a alguém uma falta, vejamos se a mesma censura nos pode ser feita.[32]

Parece simples este procedimento, entretanto, é bem difícil de praticar quando ainda estamos sufocados pelo orgulho, que não nos deixa analisar as situações com discernimento e tolerância.

Quando somos indulgentes, nossas atitudes irão refletir:

¶ O coração limpo de mágoas.

¶ A mente livre de conflitos e preconceitos.

---

[32] KARDEC, Allan. *O evangelho segundo o espiritismo*. P. 174.

¶ A fraternidade de uns para com os outros.
¶ Amor e respeito às limitações do próximo.
¶ A felicidade com relação às suas vitórias e conquistas morais.
¶ A benevolência diante dos comentários ou acusações que, porventura, surjam em nossa vida de relação.

Infelizmente, ainda somos demasiadamente compreensivos para com nossas imperfeições e severos quando analisamos as faltas alheias.

Iniciei esta mensagem falando da memória seletiva, porque esquecemos muito rapidamente nossos erros, as inúmeras vezes que fizemos sofrer a outrem, os favores recebidos, as atenções que os amigos nos distinguem e, principalmente, quando somos ajudados em situações de risco, ou seja, naquelas em que estamos bem próximos da desdita, da necessidade máxima de um socorro ou de alguém que nos atenda, suavizando as agruras e solucionando os problemas que nos afligem.

Por que agimos assim?

Por que não gostamos de recordar os favores recebidos?

Qual a causa da ingratidão humana?

Analisando este comportamento estranho de muitos que se dizem cristãos, cheguei à conclusão de que essa atitude é motivada pelo orgulho. Há um bloqueio inconsciente apagando da memória estes benefícios que atenderam a uma situação desagradável quando foram ajudados e por isso se sentem, no momento atual, diante desta recordação, humilhados pela atitude de dependência material ou moral que presenciaram.

Acredito mesmo que a gratidão anda de mãos dadas com a humildade e com o amor, que se expressam em renúncia, em generosidade e benevolência para com todos.

Os derradeiros anos de nossas vidas deveriam ser usados com mais sabedoria, e uma das condições para sermos felizes e tranquilos diante das incompreensões humanas, das exigências descabidas de familiares e amigos, seria adotar sempre a indulgência em nossas atitudes diárias.

Como as flores da primavera ressurgem radiantes a cada amanhecer, mesmo após as intempéries que as castigam, renascendo sempre, devemos alijar de nossa mente o passado, educando-nos para a reformulação da vida, aceitando nosso próximo em sua diversidade e assim encontrarmos a paz e a felicidade.

Nesse sentido, Joanna de Ângelis leciona: "*Sê tu, pois, também indulgente em relação ao teu próximo, quão necessitado te encontras da indulgência dos outros, assim como da vida*".[33]

---

[33] FRANCO, Divaldo Pereira. *Viver e amar*. Pelo Espírito Joanna de Ângelis. 4. ed. Salvador: LEAL, 2010, p. 18.

Relacionamentos conflitantes

Denso nevoeiro envolve a cidade que ainda dorme... As luzes da iluminação urbana parecem lanternas de pouca luminosidade cobertas pela neblina fina que cai suavemente... Há uma quietude que nos invade o ser, dando-nos serenidade e paz.

Temos a sensação de que estamos mais perto de Deus, quando ao contemplar a natureza, em seu esplendor e em sua constante transformação, ela demonstra a impermanência da vida material.

Nossos olhos se perdem no infinito em cogitações mais profundas... Sabemos que, daqui a pouco, o Sol irá resplandecer no horizonte, dissipando as brumas desta manhã.

Enquanto medito e oro a Deus por mais um dia, percebo que as mudanças já vão se delineando com a claridade em crescente harmonia... As nuvens, como almofadas dispersas e flocos de algodão, repousam nas montanhas que circundam minha cidade e aos poucos vão se transformando em linhas esbranquiçadas no horizonte...

Permanecemos inundados neste amor imensurável de Deus e demoramos em nossas reflexões...

Os nossos problemas ficam tão pequenos diante de tanta grandeza, e nos sentimos seres distantes da perfeição, entretanto, amados e protegidos por este Deus que é Amor e Sabedoria Infinita...

Em momentos assim, sentimo-nos, realmente, filhos de Deus!

Esta certeza nos conforta a alma e nos anima a prosseguir.

Os problemas diários ficam insignificantes, as críticas passam a ser incentivos a mudanças necessárias em nosso caminhar, as dores da alma ficam anestesiadas pela fé e pela esperança de que tudo irá passar...

Sentimo-nos encorajados a prosseguir e seguimos confiantes de que estamos inseridos neste contexto que é a vida em seu ritmo constante, guiando nossos passos na direção de um futuro que já não é mais incerto, porque sabemos que Jesus está na direção espiritual de nosso Planeta e podemos confiar em sua proteção imensurável.

Meu amigo, todas essas reflexões em torno da vida e da beleza que nos cercam conduz meu pensamento na direção das lutas e dos testemunhos que todos nós ainda temos de enfrentar.

Sei o quanto é difícil superar crises, desconsiderações, desagravos, incompreensões e críticas de pessoas que não conhecem verdadeiramente nosso mundo íntimo.

Reconheço que há momentos em que temos vontade de abandonar tudo e evitar relacionamentos conflitantes, trabalhos em favor de pessoas necessitadas, muitas vezes, ingratas e exigentes...

Mas, pondere comigo: onde adquirir os valores que precisamos para progredir sem os atritos e as pedras do caminho?

Como seguir Jesus sem as dores, as decepções e os espinhos que nos ferem a alma?

O testemunho de que já estamos prontos para a luta redentora e a aquisição de maiores encargos, embora simples na seara de

Jesus, requer de todos nós paciência, tolerância, compreensão, amor e perdão incondicional.

Não alimentar a descrença no ser humano porque ainda não nos compreende ou continua distante das lições imorredouras de Jesus...

Joanna de Ângelis nos diz que:

> Ressentir constitui uma forma de chamar a atenção dos outros em torno da sua morbidade.
> O egoísta sente necessidade de reviver, de reexperimentar as emoções perturbadoras das situações, mesmo as desagradáveis, que lhe são impostas pelas circunstâncias, dessa maneira vestindo-se de vítima, que deve ser homenageada pela sua infelicidade... [...]
> O perdão é o valioso recurso psicoterapêutico para as insinuações melindrosas do ressentimento [...].[34]

Fala-nos a benfeitora espiritual desta compreensão maior diante da fraqueza de nosso próximo, e isto nos concede a serenidade íntima necessária para seguir em frente, jamais desistindo da luta, confiando sempre na possibilidade do outro em atingir maiores níveis de bondade e compreensão, discernimento e razão na solução dos problemas vivenciais. E, ainda, sem a presunção de nos julgarmos melhores ou mais capacitados que os outros nas tarefas a que nos entregamos, preservando a paz e o equilíbrio, sem precipitações ou julgamentos apressados.

E ela conclui com sabedoria:

> Assim sendo, ama, sê o irmão do caminho, o samaritano da parábola, o cireneu gentil, e descobrirás que o ressentimento é morbidez que já não existe na tua conduta cristã e espírita, ou, genericamente, na tua cidadania.

Ainda não alcançamos posições elevadas em nosso crescimento espiritual, temos compromissos a saldar, deveres contínuos a cumprir, dívidas a resgatar, entretanto, já podemos entoar o cântico da esperança, suavizando nossas dores, porque temos dentro de nós a luz do amor iluminando nosso caminho...

---

[34] FRANCO, Divaldo Pereira. *Atitudes renovadas*. Pelo Espírito Joanna de Ângelis. Salvador: LEAL, 2009, p. 133 e 135.

Temos a fé raciocinada, que nos induz ao discernimento diante das lutas...

Temos o sol do amor aquecendo nossa alma para que a rigidez do inverno não nos abata e enregele nossos sentimentos com a indiferença...

Temos a compreensão maior da imortalidade da alma e do tempo infinito que está diante de nós, facilitando-nos a caminhada e o progresso moral em nossa destinação espiritual...

Possuímos bens e valores a cultivar em nossa alma, e, assim, a solidão não encontra guarida em nossos corações, uma vez que estamos envolvidos na luta por nossa regeneração e para que o mundo em que vivemos tenha mais paz...

Enfim, somos herdeiros de Deus, detentores de conquistas e vantagens morais bem estruturadas no lar que nos ampara e protege, nos amigos que confiam em nós e nos sustentam nos momentos difíceis, nos benfeitores espirituais, sempre atentos às nossas necessidades reais diante de nossa evolução, de modo que nos resta somente abrigar em nossos corações a gratidão.

Assim, meu irmão, não se entregue ao desespero nem ao desânimo diante do sofrimento que oprime seu peito; busque na oração e na fé a motivação para seguir seu caminho com serenidade, entendendo que não há nada que soframos que não tenha uma razão real a nos preparar para a felicidade futura, quando estivermos livres dos grilhões do passado e caminhando com segurança, tendo como roteiro as lições de Jesus – bússola segura a orientar nossos passos na direção da vida imperecível!

Presentes da vida

Quando nos tornamos avós, somos agraciados pelo mais terno e lindo presente que a vida nos concede... Eles chegam como seres indefesos, estendendo os bracinhos para que os embalemos, com promessas de vida, e vibramos emocionados diante da bondade de Deus. Este gesto nos faz sentir, novamente, no recesso de nosso coração, o mesmo amor que sentíamos quando acariciávamos seus pais, revivendo emoções que enternecem nossa alma.

Chegam sem cerimônia, sem que os tivéssemos encomendado, ocupando um espaço que pensávamos não ter em nosso coração já combalido pela dor da perda e dos desencantos. Despertam em nosso íntimo os mais belos sentimentos de amor, de capacidade de perdoar, de generosidade, e uma ternura imensa penetra nossa alma, a nos demonstrar que ainda podemos ser felizes! E o melhor... Que ainda somos úteis.

Uma nova motivação nos impulsiona a viver...

Com nossos filhos, embora o amor sempre estivesse presente, não havia esta disponibilidade, este tempo desfrutável que nós, os avós, temos e aproveitamos para viver intensamente ao lado de nossos netos.

E todo o amor que lhes dedicamos quando ainda pequeninos ressurge em forma de gratidão, respeito, solicitude com que eles nos tratam e enfeitam nossos dias, no momento certo, quando a solidão ameaça rondar nossas vidas e nos sentimos mais fragilizados pelos sofrimentos...

Sou feliz e agradecida a Deus porque sempre tive crianças em torno de mim... Meu filho mais novo estava com 7 anos quando nasceu minha primeira neta. E foram nascendo outros netos, com intervalos irregulares, trazendo a cada chegada a emoção e a alegria renovadas... A família foi crescendo, e houve um ano em que nasceram três netos... Foi quando me dei conta de que já eram dezesseis... Nesta última década, nasceram os bisnetos e, para minha felicidade, há espaço em meu coração que os abriga com carinho e muito amor!

Meus netos, com a descontração e o modo de ser de cada um, têm preenchido minha vida de alegrias e esperanças.

Que saudades em meu coração, ao recordar suas traquinices na infância, e, hoje, abraçando os bisnetos, seus filhos, observo na continuidade da vida como vão se repetindo as mesmas fases que outrora vivenciamos... Parece que o tempo retorna, e com maior intensidade podemos acompanhar os ciclos que vão se sucedendo na vida de cada um deles.

Meu neto mais novo está com apenas 4 meses, e estou feliz com sua chegada e curtindo novamente ser avó... Enquanto bebês, os netos ficam mais dependentes e mais próximos de nós. Podemos aproveitar mais a presença deles. Depois crescem, seguem seus caminhos, diversificam as atividades e se distanciam um pouco... É natural que assim seja.

Entretanto, os elos de amor não se rompem... Certamente, tudo o que semeamos ao longo do caminho colhemos ainda nesta vida ou na dimensão espiritual, após a desencarnação.

Hoje, observando meus netos, participando de suas vidas e vivenciando momentos de felicidade ao lado deles, recebo, certamente, de retorno as atenções, o carinho e a solicitude de outrora. A presença deles em minha vida conforta meu coração e alegra meus derradeiros anos...

Escrevi este capítulo falando de meus netos, porque Juliana, minha neta, pediu que eu escrevesse um dia alguma coisa sobre eles. Ela gostaria que eu a citasse em algum livro porque se orgulha de ser minha neta... Como é bom ouvir isto! É um elogio que toda avó gostaria de receber...

Não há felicidade maior para todos nós que somos avós do que estar junto dos netos, alegrarmo-nos com suas vitórias, ajudá-los nos momentos de crise, dar carinho, atenção e amor... Sabemos que a educação e a disciplina são um dever dos pais, entretanto, podemos orientar sem interferir na maneira com que os pais estão cuidando deles...

Eles gostam de nossas histórias, que falemos de seus pais quando eram pequenos, de como eram nossas vidas no passado, e aproveitamos estes encontros para aconselhar.

Sempre estive ao lado de meus netos em todas as fases de suas vidas, nas festinhas da creche, na escola, nas formaturas, nos casamentos... São vivências inesquecíveis, cujas lembranças enriquecem nossa existência.

Gosto de brincar com eles... Hoje já não tenho mais a disposição de antes... Mas, como fui avó muito cedo, pude aproveitar bastante as férias na fazenda em companhia deles, quando nos divertíamos, todas as noites, com víspora (bingo), prendas e chocolates... Jogávamos vôlei, futebol, fazíamos lindos passeios a cavalo... Até que um dia percebi que o corpo já não podia mais acompanhar suas diversões e fui deixando as aventuras esportivas. Mas ainda podíamos jogar cartas, atirar dardos num disco colorido de um jogo divertido que colocamos na varanda da fazenda, e eu acertava bastante...

São lembranças saudáveis de um tempo feliz, que certamente ficarão gravadas em suas mentes.

Aproveitando as brincadeiras e os momentos de lazer com nossos netos, podemos repassar para eles o valor da amizade, do companheirismo, do perdão, da aceitação do outro, da solidariedade.

Podemos ensinar-lhes muitos valores morais, falar de Jesus, dos benefícios da oração e da generosidade para com nosso próximo.

Afastar de seus corações o orgulho, a vaidade, mostrando que somos todos filhos de Deus e que não podemos nos enclausurar nas paredes frias do preconceito e da discriminação.

Nossas atitudes e aconselhamentos não poderão interferir na educação que os pais lhes dispensam, cuidando de sua formação moral e intelectual.

Com nossos exemplos, incutimos em seus corações o amor à natureza e a preservação da flora, da fauna, ensinando-os a respeitar a vida em todos os níveis.

Neste convívio familiar, iremos influenciar beneficamente suas mentes, porque conhecemos a força do amor, e assim vamos semeando em seus corações a fé, a confiança em Deus, o altruísmo e o devotamento com que deverão cumprir seus deveres.

Sem a pretensão de fazer sermões, poderemos ajudar muito nossos netos, mantendo um diálogo fraterno, compreensivo e sem exigências descabidas, lembrando que a experiência nos ensinou a ser prudentes e comedidos, mas que eles estão ainda iniciando a vida adulta e somente o tempo irá propiciar a maturidade física e emocional para o enfrentamento das dificuldades existenciais.

Não poderia citar separadamente os nomes de meus netos e bisnetos, falando de suas qualidades e de como me sinto diante deles, porque seria repetitivo nomear o que mais admiro em cada um e como eles se comportam para comigo na vida diária... As qualidades são bem semelhantes e amo com a mesma intensidade a cada um deles. Não importa o tempo já vivido ao lado de cada um. O mais novinho é tão amado quanto o mais velho...

Entretanto, posso enumerar a solicitude, o carinho, a atenção com que me tratam, o companheirismo, o amor que brilha em seus olhos quando nos falamos e quando estão em minha companhia, em nosso lar...

Todos os netos adoram estar na casa dos avós...

Há menos censura, mais liberdade, e temos sempre a maneira certa de agradar a cada um deles, seja no doce preferido, no bolo ou sorvete que apreciam, e o coração alegre e amoroso acolhendo-os sempre que chegam...

Considero meus netos um presente de Deus alegrando meus dias e fico admirando a beleza de cada um deles, as qualidades, o esforço que fazem para conseguir o que desejam na área profissional ou afetiva.

Nem sempre a vida sorri para eles, mas prosseguem corajosos na busca de seus ideais e na realização de seus sonhos.

Dedico este capítulo a meus netos e a meus bisnetos, agora podendo dizer que são todos muito bonitos, responsáveis, carinhosos e com inúmeras qualidades, as quais não irei enumerar como avó, porque se vocês, estimados leitores, já têm netos, já sabem como os qualificamos com o coração de quem ama.

Em ordem de chegada a este mundo, meus netos são: Camilla, Tatiana, Plínio, Juliana, Bernardo, Guilherme, Caio, Nelson Henrique, Aldo Jr., João Pedro, Fernanda, Hugo, Arthur, Johann, Maria Clara e Diego.

Os bisnetos são: Pedro Henrique, Lucas, John Anthony, Isabella e Pedrinho... Até o momento.

Certamente, outros virão!...

Autodescobrimento: uma viagem interior

Neste alvorecer, em tons cinzentos e nostálgicos, com resquícios do inverno que passou, o Sol tarda a brilhar no céu e uma densa bruma envolve a paisagem que vislumbro através da varanda...

Vozes distantes chegam até onde me encontro... Ruídos de motores dos carros que passam velozes e das máquinas nas construções mais próximas abafam os sons maviosos dos pássaros que em revoadas teimam em se fazer ouvir, alegrando o amanhecer... Contemplo as crianças no gramado do colégio, que alegres correm e pulam festejando o recreio, mas suas vozes são, também, sufocadas pelo barulho da cidade em movimento...

Tentando conversar com você, querido leitor, nesta manhã, busco no meu íntimo a paz e a inspiração para dizer as palavras certas, na hora mais propícia às reflexões que juntos poderemos fazer...

Para aquietar minha mente, procuro relaxar física e psiquicamente. E me deixo desdobrar, voejando em direção ao desconhecido, buscando paragens distantes.

Nessa viagem interior, revejo, com encantamento, os jardins floridos de um famoso pintor francês, Claude Monet... Surpreendo-me com as imagens que surgem em minha tela mental em cores brilhantes, em que algumas flores balançam embaladas pela brisa... Admiro o verdor do gramado, a casa de janelas verdes entremeadas de trepadeiras floridas em tons diversos, caindo como cascatas de luz...

Enquanto caminho, as imagens vão se esmaecendo, como as pinturas do artista no final de sua vida, descoloridas e embaçadas pela perda da visão material, mas enriquecidas pela magia de sua alma de poeta, que via beleza nas pequenas coisas e objetos que a natureza nos oferece, quando as olhamos com enternecimento...

Caminho pelas alamedas floridas, pelos caminhos estreitos que me levam até o lago, onde a ponte romântica lembra sonhos e ilusões que se perderam no tempo... As ninfeias adornam as águas tranquilas, boiando em simetria de cores. Algumas tentam se esconder sob as folhas que, em profusão, as circundam, outras, majestosas, buscam a claridade. Sinto o aroma agradável das plantas, das folhas secas espalhadas no chão, que se quebram quando as piso, como fragmentos de vida no microcosmo que minha visão e meu tato conseguem distinguir.

Há uma similitude entre o que percebo neste jardim com meus sonhos de paz e felicidade, porque quando o contemplo ou imagino consigo me transportar para seus recantos cheios de magia e encantamento... E bendigo a Deus tanta beleza e tanta simplicidade, que trazem ao meu coração, cansado de lutas e desenganos, a paz de que necessito para o refazimento físico e espiritual, preparando-me para os embates e deveres deste dia.

Essa viagem que realizo, quando busco a paz e a razão de prosseguir com fé e coragem no enfrentamento das dificuldades e no desempenho de meus deveres, é uma conquista que fui adquirindo na reflexão, em momentos de meditação, nos desdobramentos espirituais – frutos de minha vivência e meu jeito de ser.

Com a maturidade, aprendi a observar mais as coisas dentro de mim do que as que estão em torno de meu viver... Talvez seja para alguns distraída, confusa ou desinteressada. Mas não é assim que entendo, porque quando a necessidade se impõe para que eu enfrente as dificuldades, observe o que posso fazer para realizar o que devo, fico muito lúcida e coerente... Assim, nem sempre consigo perceber situações que, para muitos, é de suma importância, em se tratando da vida material, das conquistas mundanas...

Não é fuga ou mutismo deliberado para fugir às responsabilidades.

É tão somente a necessidade deste encontro diário com meu mundo íntimo, onde estão armazenados os fatores mais importantes de minha vivência, de minhas realizações e vitórias, mas também das experiências malogradas, dos erros e das dificuldades...

Creio mesmo que essa viagem me faz conhecer melhor quem sou no contexto da existência, o que posso e como devo agir na vida de relação, porque volto revigorada e muito mais corajosa para solucionar os problemas e cumprir os deveres que me competem.

Allan Kardec, na questão 919 de *O livro dos espíritos*, indaga aos Espíritos Superiores:

> Qual o meio mais eficaz que tem o homem de se melhorar nesta vida e de resistir ao arrastamento do mal?[35]
> Resp.: – Um sábio da Antiguidade vos disse: "Conhece-te a ti mesmo".

A seguir, Kardec volta a indagar como conseguir este autoconhecimento, e Santo Agostinho dá uma linda explicação para realizarmos a avaliação diária de nossos atos e de nossos deveres e, interrogando nosso mundo íntimo, procurar corrigir o que não fizemos como devíamos.

---

[35] KARDEC, Allan. *O livro dos espíritos*, q. 919.

E, em determinado trecho, diz: "*O conhecimento de si mesmo é, portanto, a chave do progresso individual.*" [36]

Sendo o objetivo da reencarnação o progresso moral de todos nós, é importante que saibamos, através da autoanálise, da busca de uma visão realista e sincera de nós mesmos e de nossos atos, assumir uma posição corajosa para nos conhecermos melhor.

Joanna de Ângelis nos leciona:

> A experiência do autodescobrimento faculta-lhe identificar os limites e as dependências, as aspirações verdadeiras e as falsas, os embustes do ego e as imposturas da ilusão.[...]
> Fazem-se imprescindíveis alguns requisitos para que seja logrado o autodescobrimento com a finalidade de bem-estar e de logros plenos, a saber: insatisfação pelo que se é, ou se possui, ou como se encontra; desejo sincero de mudança; persistência no tentame; disposição para aceitar-se e vencer-se; capacidade para crescer emocionalmente.[37]

Não é simples, requer esforço e tenacidade, mas é o único meio de vencermos nossas imperfeições morais e conquistarmos a paz e a felicidade relativas ao nosso grau de evolução espiritual.

A diversidade dos seres humanos, a competitividade da vida moderna, os atropelos e as correrias com que buscamos a realização material de nossa existência distanciam-nos do sentido real de estarmos vivendo e do discernimento com que devemos encarar os problemas vivenciais.

Como conhecer o outro se não nos conhecemos profundamente?

Como aceitar as limitações de nosso próximo, se não nos aceitamos e nos martirizamos com as culpas e os arrependimentos, sem fazer nada para aliviar nossa mente dos tormentos que elas nos infringem?

Como perdoar e compreender, se não nos perdoamos e estamos distantes do autoconhecimento?

---

[36] KARDEC, Allan. *O livro dos espíritos*, p. 552.

[37] FRANCO, Divaldo Pereira. *Autodescobrimento: uma busca interior*. Pelo Espírito Joanna de Ângelis. Salvador: LEAL, 1995, p. 11-12.

Ficam essas indagações para que possamos refletir e alcançar os objetivos reais de nossa atual existência terrena.

Já sabemos o que buscamos – nosso progresso moral.

Já conhecemos o caminho e temos o roteiro – o Evangelho de Jesus.

O resto depende de cada um de nós...

Deus te abençoe, minha mãe

Deus te abençoe, minha mãe, por todos estes anos de lutas e sacrifícios para manter erguido nosso lar...

Deus te abençoe, pelas lágrimas vertidas, pelos anos de esquecimento, pela dor da solidão, onde, muitas vezes, teus filhos te deixaram sofrer...

Deus te abençoe, pelo carinho e dedicação nestes momentos vividos a teu lado, onde buscamos a paz e a segurança para nossas vidas, apoiando-nos em teus exemplos de cristã amorosa e sincera...

Deus te abençoe, minha mãe, por nos ter dado o exemplo da fé, da coragem e da aceitação resignada de todos os infortúnios da vida, sem reclamar, sem revolta íntima ou descrença no futuro...

Deus te abençoe pelo lar que nos deste, primeira morada aqui na Terra, santuário do amor que nos envolveu e abrigou, mostrando-nos que nada no mundo é mais importante que a família unida pela fé.

Deus te abençoe, mãezinha, por nos aceitar como somos, imperfeitos, ingratos e esquecidos, amando-nos com o mesmo carinho de outrora, quando pequeninos e indefesos buscávamos teu colo amoroso...

Deus te abençoe por continuar até hoje forte e corajosa, mesmo no sofrimento e nos momentos de luta inglória, quando a tempestade abate sobre todos nós, destruindo nossos sonhos e nossos projetos de vida, dando-nos o exemplo edificante de que Deus é Pai e nada nos deterá se continuarmos unidos sob o Seu amor...

Deus te abençoe por nos receber como outrora neste lar abençoado e amigo, cheio de amor pelos teus filhos, que sempre voltam ao teu regaço, ávidos de paz e afeto, no reencontro da simplicidade e do sentido da vida, que alguns de nós perdemos pelos caminhos da Terra.

Deus te abençoe, minha mãe querida, pela crença na imortalidade da alma, que desde cedo infundiu em nossas mentes, e pela certeza de que nos encontraremos no amanhã das claridades divinas, onde estaremos juntos, todos nós, teus filhos, redimidos pelo amor infinito de Deus, sem lágrimas de saudade, sem despedidas, na grande "união sem adeus"...

Juiz de Fora (MG), 15 de julho de 1979.

A carta acima foi escrita no dia do aniversário de minha mãe, quando ela completava 80 anos de idade. Viveu, ainda, até os 87 anos...

A figura de minha mãe, sua vida e seus exemplos deixaram marcas indeléveis em nossas personalidades na presente reencarnação. Falar dela é emocionante, agora que já estou nos derradeiros anos de minha vida, também longa e, creio mesmo, bem vivida. A cada ano sinto sua influência benéfica, ao ponto de me surpreender agindo exatamente igual a ela com relação a meus filhos e netos e em alguns momentos de decisão...

Acredito que tudo o que herdei dela na consanguinidade é bem menor do que as benesses de seus exemplos de vida, de sua visão ampla e sem preconceitos, de sua alegria contagiante, que nos dava a impressão de que ela nunca sofrera... E sabemos que não foi assim...

Entretanto, minha mãe tinha singularidade em seu viver: não se deixava abater pela tristeza nem pelo desencanto... Sabia da transitoriedade da vida e dos acontecimentos e aguardava, serenamente, tudo passar, confiante de que o tempo sanaria as dificuldades, as coisas seriam resolvidas e as pessoas modificariam seus pontos de vista, suas opiniões a respeito do que motivara as incompreensões e o sofrimento que estava vivenciando.

Ensinou-nos, desde cedo, a orar e confiar no poder da prece quando feita com fé e confiança em Deus. Mostrou-nos o lado bom das pessoas, da vida, para que não abrigássemos em nossos corações a mágoa, o ressentimento, o desamor e a intolerância...

Deu-nos exemplos edificantes de que não devemos cultivar em nosso mundo íntimo o orgulho nem a vaidade, e nunca devemos nos deixar aprisionar pelo preconceito, que, segundo ela, era uma erva daninha difícil de ser extirpada se o abrigássemos no coração...

E viveu com simplicidade, acolhendo-nos a todos com amor e carinho.

Acredito que todos nós, que somos sua família atual, filhos, netos e bisnetos, temos motivos para nos orgulhar dela e procurar nos identificar com seus exemplos de carinho e abnegação!

Lembro muito dela em minha infância, quando a acompanhava às reuniões mediúnicas (eu ficava na sala ao lado) – porque, naquela época (ela dizia sorrindo), uma senhora casada não saía à noite sozinha, mesmo morando na mesma rua do centro espírita... Estando provisoriamente sem funcionar, nesta época, as reuniões mediúnicas do centro espírita eram realizadas na casa de um tio de minha mãe, perto de onde morávamos.

Nessa fase de nossas vidas, morávamos em Rio Novo (MG) e meu pai se ausentava mais vezes, porque trabalhava como representante comercial de uma firma do Rio de Janeiro. Eu era, então, sua companhia mais constante, embora muito nova ainda.

Suas visitas aos enfermos e aos necessitados, feitas sempre em sigilo, sem comentar, retirando de nossa despensa os alimentos, levando remédios, agasalhos e, algumas vezes, sopa quentinha para as senhoras humildes que haviam tido seus filhos e não dispunham de recursos... Ela sempre me levava com ela, e, desde cedo, fui aprendendo o valor da solidariedade, da fraternidade e da generosidade.

Gostava muito de ler, comentava os artigos de revistas e jornais espíritas que lia, e já com a idade avançada, muitas vezes, a encontrei com revistas mais antigas, relendo com o semblante sempre calmo e feliz...

Quando poucas pessoas ainda davam valor aos exercícios físicos, à alimentação sadia e aos cuidados com a natureza, ela, no final da década de 1930, fazia ginástica pelo rádio, orientada por um programa do professor Osvaldo Diniz Magalhães, um idealista, em uma emissora do Rio de Janeiro, que era acompanhado ao piano e dava instruções sobre como se exercitar, aliadas aos conselhos sobre manutenção da saúde física e mental. Havia a Associação dos Radioginastas, à qual pertencia, e todos os grupos que seguiam este programa se reuniam, periodicamente, em excursões, passeios e integração com a natureza. Fizemos lindos passeios em praias, cidades e visitas agradáveis, quando se confraternizavam e trocavam experiências de suas atividades.

Minha mãe praticou esses exercícios físicos durante muitos anos, e creio que somente parou porque o programa terminou, com a morte do Professor que os orientava. Foram quase cinquenta anos realizando a ginástica pelo rádio, que tinha início às 6h15.

Como resultado, ela sempre foi muito saudável e otimista.

Adoeceu e internou-se quando, já com 87 anos, sofreu uma queda, em que fraturou o fêmur, ficando em minha companhia até sua desencarnação, vitimada por um câncer de fígado, que foi descoberto somente dez dias antes de sua morte. Mesmo estando em minha casa, assistida por médicos e em tratamento clínico, não descobriram a enfermidade, o que para ela foi uma bênção...

Não houve a expectativa dolorosa que a enfermidade iria ocasionar, não sentiu dor, nem sofreu por muito tempo... E para nós também foi melhor, porque sua limitação física durou pouco e ela morreu lúcida e em paz.

Relato alguns fatos de minha mãe para que sirva de exemplo para todos nós que somos privilegiados com a longevidade, porque é essencial agirmos com serenidade, sermos otimistas, tendo uma boa qualidade de vida, que somente conseguiremos cuidando de nosso corpo físico e alimentando nossa alma de pensamentos positivos.

Além de tudo o que relatei, minha mãe foi médium espírita e trabalhou no setor mediúnico até os 70 anos. Encerrou com aquela idade porque, sendo médium psicofônica, entendeu que já era hora de parar, mas prosseguiu participando da Casa Espírita até desencarnar...

Gostava sempre de citar uma frase lapidar de Allan Kardec, inserida em O evangelho segundo o espiritismo: "[...] *Reconhece-se o verdadeiro espírita pela sua transformação moral e pelos esforços que emprega para domar suas inclinações más...*".[38]

E completava: "*quando agimos assim, já estamos dando um grande passo na busca de nossa transformação íntima*".

E em homenagem a todas as mães que lerem este capítulo, dedico estes singelos versos, repletos de amor e gratidão:

Todas as mães espargem perfumes de rosas
Através do amor que transcendem...
Quando erguem os olhos aos céus a orar,
Resplandecem como estrelas a fulgir na amplidão.
Suas mãos são alavancas de luz, apontando caminhos
Na noite escura do esquecimento e da solidão.
Seus pés doridos caminham sem cessar,
Mantendo a chama da esperança

---

[38] KARDEC, Allan. *O evangelho segundo o espiritismo*, p. 327.

Lucy Dias Ramos

Para os que se perderam pelos caminhos do mundo.
O tempo enrugou suas faces, encaneceu seus cabelos,
Mas não apagou o brilho de seus olhos...
Prosseguem confiantes no amor de Deus,
Onde aprenderam a arte de amar
Na doação sublime de suas vidas!

Refazendo caminhos

Com o passar dos anos, ficamos cada vez mais conscientes da necessidade de vivermos com simplicidade... Compreendemos ser este o caminho mais seguro de encontrarmos o bem-estar físico e mental.

Viver com o essencial nos dá uma sensação de liberdade e conforto muito acima das aquisições materiais, sejam objetos pessoais ou equipamentos modernos que ocupam espaço físico, sem ter nenhuma necessidade real em nossas vidas.

Todo ser humano necessita criar espaços, janelas, aberturas ou frestas que lhe permitam ver as coisas em torno de si, para aprender a olhar seu mundo íntimo mais intensamente. Vivemos distraídos com o transitório e o efêmero, sufocados pelo desejo de posse, esquecidos de que o melhor seria observar atentamente o que nos torna realmente felizes.

O aturdimento diante do desejo de ter cada vez mais rouba de nós a felicidade e a tranquilidade que uma vida simples propicia.

A abstração do que é concreto e tangível eleva nossa mente e melhora nossa sintonia com o mundo subjetivo, e isto é o que realmente importa.

Quando aprendemos a arte de *ver com os olhos da alma*, entendemos de forma mais nítida o sentido existencial e nos tornamos mais livres e sensíveis a tudo o que nos cerca...

Ver apenas com os sentidos físicos limita nossa percepção real, porque apenas enxergamos objetos e coisas materiais. Entretanto, quando *aprendemos a ver*, descobrimos uma beleza mais intensa no que observamos, como se uma simples pedra ganhasse vida e nos mostrasse toda a sua trajetória, liberando nosso pensamento em torno da realidade que a cerca.

Jesus nos ensinou a *ver com os olhos da alma*, purificados pelo amor; e, nas coisas mais simples da natureza, Ele descortinou para a multidão que o ouvia a beleza da simplicidade, a grandeza do amor, o valor do bem sobrepondo-se ao mal que ainda reside dentro dos corações humanos...

Na contemplação da natureza, observando a beleza do que nos cerca, vamos ampliando nossa visão interior, dilatando nossos sentidos além da matéria inerte e passamos a perceber o que antes não percebíamos...

Dizem que os poetas vêm poesia em tudo o que observam... Conseguem, mais do que os outros, colorir a vida com nuanças de beleza e induzir a quem os lê a sonhar, ter esperanças no coração, porque entendem melhor os sentimentos humanos e usam as palavras como instrumentos que fazem vibrar a emotividade...

Se aprendermos a olhar com amor, aguçando nossa sensibilidade, veremos em cada ser o nosso próximo, respeitando-o e tolerando suas limitações.

Nesse aprendizado é necessário que primeiro venhamos a nos conhecer e a nos amar, como preconiza a lei natural ou divina.

Depois iremos, aos poucos, no exercício constante da paciência, do perdão e da compreensão, aprendendo a amar ao nosso próximo como a nós mesmos, como ensinou Jesus.

A assimilação dessa verdade, sob a luz do amor, nos ensinará a olhar com os olhos da alma, sensibilizados pela beleza das coisas que estão diante de nós, sublimando nossos sentimentos para, num segundo estágio, olhar mais profundamente e analisar com generosidade aqueles que caminham conosco e, assim, amar em plenitude, sem restrições ou condicionamentos.

Não é tão simples como parece, mas somos dotados de sentimentos e emoções que, se trabalhados e educados, irão nos demonstrar como é grande a beleza da vida que esplende todas as manhãs oferecendo-nos oportunidades de recomeço, de reconstruir nossos caminhos e atingir a paz que tanto almejamos.

Além do horizonte

Contemplando o amanhecer neste verão, eu descortinei a beleza do céu avermelhado pela luz solar que o inundava de cores, antecipando sua chegada... Um turbilhão de ideias povoou minha mente e desejei repassar para seu coração o que sentia naquele momento mágico, quando minha alma, tocada pela emoção de um novo dia, percebeu naquela amplidão a beleza da vida, retratando a insuperável grandeza de Deus.

Percebi, olhando além do horizonte, o significado de estar aqui naquele instante e como é infinito o amor de Deus por todos nós...

Um sentimento profundo de gratidão aflorou em minha alma. Orei, agradecendo a dádiva da vida e por sermos detentores de tantas belezas e oportunidades de encontrar a felicidade e a paz.

Necessário o aprendizado do amor, da renúncia, do despojamento de coisas que ocupam espaço em nossas vidas e não têm real necessidade. Liberar nossa existência do excessivo apego às pessoas e aos bens materiais que nos cercam, para poder abrir espaços mentais que nos levem a pensar e repensar com equilíbrio nos deveres e compromissos assumidos.

Passamos todos pelos mesmos caminhos na linha da evolução, e as oportunidades de crescimento chegam até nós sem privilégios. É preciso ver o que realmente nos engrandece e possibilita o progresso espiritual.

Nem sempre enxergamos os entraves a este crescimento, mas poderemos treinar, em momentos de meditação e prece, a arte de *ver com os olhos* da alma nosso mundo interior, o que nos beneficiará com o autodescobrimento.

Aprimorando-nos intimamente, aprendendo a ver a beleza que a natureza nos concede, educando nossos sentimentos, ampliando nossa sensibilidade diante do outro nos momentos de dores e infortúnios, compreenderemos o sofrimento como instrumento divino a nos lapidar a alma.

Quem sabe assim estaremos aprendendo, como os poetas, a ver a beleza que transcende da flor, que embeleza nossos sentidos físicos, da árvore amiga, que nos dá exemplos de perseverança, da água, que nos purifica, do alimento, que nos fortalece e anima a cada dia...

Ver essencialmente com o coração, porque, como dizem os que têm esta sensibilidade ante o belo: o essencial não está apenas na forma concreta do objeto admirado, está muito além do que veem nossos sentidos físicos. Passaremos a perceber o encantamento em tudo o que é obra divina e nos dá felicidade, mesmo que temporária, mas que conforta e nos anima a prosseguir.

Respeito e amor a todos os seres, a tudo que é obra da criação de Deus – eis a meta na conquista da paz e da felicidade.

Somos aquinhoados com a riqueza do conhecimento espírita e as luzes do Evangelho de Jesus – bênçãos em nossas vidas –, possibilitando-nos o roteiro seguro neste aprendizado diário que é a arte de viver em harmonia com o nosso próximo, com o nosso mundo interior e com todos os seres da natureza.

Felicidade não é a mesma coisa que prazer.

É algo mais profundo, ínsito em nosso âmago, delineado por nossa capacidade de compreender a vida e tudo o que ela nos dá. O que vai caracterizar nossa capacidade de ser feliz é a maneira com que demonstramos a gratidão a Deus por aquilo que recebemos, mesmo nos momentos mais difíceis, porque iremos entender a função educativa da dor e o resgate de débitos do passado, colocando-nos livre para novos desafios.

Assim, meu irmão, a cada novo dia, eleve seu pensamento a Deus e agradeça a dádiva da vida, a beleza imensurável da natureza, as oportunidades de buscar novas diretrizes e aprendizado.

Contemple com os olhos da alma a beleza da flor, o Sol ou a chuva que abençoa a terra, o sorriso de uma criança, a ternura dos que buscam seu afeto, a sabedoria do ancião que cruza seu caminho, o céu estrelado, e compreenda a razão de tudo o que existe dentro e fora de você, levando-o a agradecer a bondade de Deus.

Espelho da alma

Olhe-me nos olhos...
Procure ver através do espelho de minha alma
Meu verdadeiro ser que se desnuda ante seu olhar.
Não veja apenas o lado humano em sua impermanência,
Minhas vestes, meus cabelos, meu jeito de andar ou falar...
Olhe além das restritas aparências das linhas do meu corpo
E perceba o que realmente sou e o que sinto...
Sinta a sutil vibração de meu pensamento,
Descubra o quanto eu posso doar de mim mesma,
Desta essência que é a minha realidade espiritual.
No som da minha voz, não escute somente a discordância...
Ao falar, estou demonstrando apenas o que sei,
O que posso realizar, limitada, ainda, pela imperfeição.
Entretanto, se não o compreendo, perdoa-me.
Olhe-me nos olhos, sinta a emoção que emana de meu íntimo,
E descubra minha alma, escuta meu coração...
Após tantos desencontros, voltamos a nos encontrar.
Procure entender o amor em sua transcendência...
Olhe-me com o coração, e, através do brilho de meu olhar,
Entenderá que somente sua luz iluminará nossas vidas!

Em vez de medo, sinta esperança!

Na sala de espera de um consultório médico, lendo uma revista da editora Abril, chamou-me a atenção um artigo da jornalista Daniella de Caprio, edição de 8 de abril de 2011, sobre o medo, o qual ela intitulava: *Em vez de medo, sinta esperança!*

De forma simples e objetiva, ela vai tecendo comentários a respeito do medo, que, nos dias atuais – com tantas catástrofes acontecendo no mundo, chuvas violentas e inundações, furacões, maremotos, tsunamis e atos terroristas –, coloca os indivíduos inseguros, propiciando um mal-estar generalizado.

Sentimos medo do que não podemos controlar ou fugir de suas consequências, como os cataclismos naturais.

Normalmente, o que mais tememos é o que desconhecemos ou não sabemos como lidar objetivamente. O melhor é buscar uma terapia, quando o medo nos impede de viver normalmente ou de forma saudável.

Buscando uma abordagem mais profunda, na visão espiritualista, vamos procurar entender melhor por que o medo é um sentimento tão comum em nossa vida atual, principalmente quando atingimos a terceira idade.

Com medo de enfrentar a realidade desta fase de nossas vidas, usamos mecanismos de fuga e mascaramos nossos sentimentos... Ficamos inseguros diante das mudanças tão importantes que se fazem necessárias para vivermos bem e com maior segurança.

Na parábola dos talentos, Jesus se refere ao servo que recebeu um talento e o escondeu sob a terra, com medo de que o perdesse. Sentiu medo diante desta responsabilidade e o Senhor não aceitou como justificativa sua desculpa: "*E, tendo medo, escondi na terra o teu talento...*" (*Mateus*, 25:25).

Emmanuel esclarece:

> Quando aconteceu ao servidor invigilante da narrativa evangélica, há muitas pessoas que se acusam pobres de recursos para transitar no mundo como desejariam. E recolhem-se à ociosidade, alegando o medo da ação.
> Medo de trabalhar. Medo de servir.
> Medo de fazer amigos. Medo de desapontar.
> Medo de sofrer. Medo da incompreensão.
> Medo da alegria. Medo da dor.
> E alcançam o fim do corpo como sensitivos humanos, sem o mínimo esforço para enriquecer a existência.[39]

Não podemos nos refugiar no comodismo, tendo como desculpa o medo de enfrentar os desafios existenciais e o cumprimento de nossos deveres, porque, por mais áspero e sombrio seja o caminho, podemos, através de nosso esforço, boa vontade e fé vencer as dificuldades e prosseguir vivendo em harmonia íntima e com a consciência do dever cumprido.

Joanna de Ângelis relaciona seis tipos básicos de medo que nos assaltam quando já estamos na longevidade: *o medo da morte, da velhice, da doença, da pobreza, da crítica e da perda de um afeto profundo*. E

---

[39] XAVIER, Francisco Cândido. *Fonte viva*. Pelo Espírito Emmanuel. 24. ed. Rio de Janeiro: FEB, 2000, p. 297-298.

acrescenta: *"Todos eles decorrem da insegurança pessoal remanescente dos conflitos originados em comportamentos infelizes que deram lugar a transtornos de significado especial".*[40]

Esses conflitos surgem quando o indivíduo, não aceitando a imortalidade da alma nem as vidas sucessivas, teme a sua realidade, porque desconhece a continuidade do ser além da matéria e a vida não tem sentido sem a estabilidade material. Vivem em função das conquistas no âmbito social e profissional, sem cogitar das aspirações espirituais.

A benfeitora espiritual leciona:

> *O seu empenho em manter-se em paz não é suficiente para estabelecê-la, antes deixando-se consumir por incertezas que devia trabalhar mediante a reflexão, o estudo e a oração, a fim de as converter em autoconfiança, em harmonia pessoal.*[41]

Comentando e refletindo em torno dos seis medos básicos que nos assaltam nesta fase de nossas vidas, citados por Joanna de Ângelis, iremos entender melhor o que acontece conosco e como superar nossa insegurança:

¶ O *medo da morte* é consequência de uma visão limitada da vida, por desconhecimento das coisas espirituais e por considerar definitiva a destruição do ser pensante. Perder tudo, não acreditar em nada além do túmulo é apavorante. Não há nada com que confortar ou livrar o materialista deste medo que ele disfarça vivendo intensamente tudo o que lhe dê prazer físico.

¶ O *medo da velhice* não existe para aqueles que mantêm uma vida ativa, que sonham e fazem planos. Somente o incrédulo teme a velhice, como se ela fosse o prelúdio da morte, o que não é coerente porque morrem jovens, crianças e idosos todos os dias. Consideramos a velhice uma bênção por aquilo que ela nos oferece de vantagem, quando nos valemos das experiências vividas e da sabedoria adquirida nos longos anos enriquecidos por muitas conquistas e valores morais. Quem não teme o envelhecimento

---

[40] FRANCO, Divaldo Pereira. *Diretrizes para o êxito*. 2. ed. Salvador: LEAL, 2004, p. 41.
[41] *Id. Ibid.*, p. 41.

físico sofre menos desgaste, e a jovialidade ajuda a enfrentar as dificuldades naturais desta fase de sua vida.

¶ O *medo de adoecer* é acompanhado da insegurança que o idoso sente, por considerar a enfermidade como um agente propiciador da morte física. Nem sempre isto acontece quando atingimos o limite de nossa existência, pois não depende apenas de uma enfermidade, outras causas poderão desencadear a desencarnação, como acidentes, quedas, hábitos de automedicação, flagelos da natureza etc. Os jovens adoecem, sofrem acidentes, cometem suicídios, e as estatísticas provam que em número bem maior do que as mortes naturais de idosos.

¶ A *falta de dinheiro* causa insegurança, e muitos sucumbem na depressão e na miséria social, quando em idade avançada não têm recursos para sobreviver com dignidade. Mas não podemos nos deixar abater pelo medo de que isto venha a acontecer. A lucidez nos leva a considerar que a enfermidade não atinge somente aos que não possuem recursos financeiros suficientes, mas, igualmente, aos que são afortunados e levam uma vida de desregramento e riscos, levando-os a morrer prematuramente, antes mesmo de se tornarem velhos.

¶ O idoso teme a *crítica* porque se sente ameaçado em seus valores pessoais. A sociedade, de um modo generalizado, discrimina o idoso e ele sofre o preconceito e a ameaça de não ser respeitado pela família e pelos amigos.

¶ E, finalmente, segundo o pensamento de Joanna de Ângelis, o *medo de perder um afeto legítimo*. Ela considera este medo como resultante da desestruturação emocional.

> Somente se perde o que realmente não se tem. Não existem afetos que se percam ou desapareçam, mas fenômenos de afetividade gerada por motivos que se alteram, se afastam, desaparecem, não merecendo, portanto, maior aflição.
> ...E os medos multiplicam-se, especialmente na atualidade, em razão da insegurança que campeia em todos os setores do comportamento, propiciando

> o receio de perder-se o emprego, o pavor da agressividade e da violência urbana, a angústia da destruição provocada pelas guerras, pelas calamidades sísmicas, pelos acidentes de várias ordens, a incerteza quanto às amizades reais e incompreensão generalizada mediante essas múltiplas ameaças...[42]

Vencer o medo e a insegurança em nossos dias somente será possível através da fé e confiança no futuro espiritual que nos aguarda, vivenciando os ensinamentos de Jesus, que nos leva à autoconfiança, e meditando em tudo o que Ele nos demonstrou através de Seus exemplos.

Somente assim conseguiremos vencer este algoz de nossas almas e caminhar com segurança e paz na direção de nossa destinação espiritual.

Se não conseguirmos debelar o medo através dos recursos naturais que a fé nos proporciona, busquemos uma terapia alternativa, adequada para que possam ser detectadas as causas desta lesão da alma e, assim, buscar no autoconhecimento a superação do que nos leva a este estado mórbido.

Quando sofremos uma ameaça ao nosso bem-estar físico ou espiritual é natural que sintamos medo, mas precisamos enfrentar com coragem esta situação, entendê-la e superar os entraves ao nosso equilíbrio emocional.

Perder a juventude, depara-se com a doença, encarar a perda de entes queridos são sentimentos naturais quando não nos impedem de viver de forma saudável. Deixar de lutar, de viver, congelando nossos sentimentos por medo de sofrer é antinatural e lesivo ao nosso equilíbrio emocional.

Quando temos irrestrita fé em Deus e nos consideramos, realmente, seus filhos, tendo em nosso mundo íntimo a centelha de Seu infinito amor, que nos sustenta e guarda, nada tememos.

Quando tudo parece conspirar contra sua felicidade, quando as sombras da descrença ameaçarem toldar sua lucidez e sua fé em Deus, quando os desenganos e as lutas dificultarem sua marcha, quando a dor e

---

[42] FRANCO, Divaldo Pereira. *Diretrizes para o êxito*. 2. ed. Salvador: LEAL, 2004, p. 45.

as lágrimas embaçarem sua visão diante da luta por seus ideais enobrecedores, mesmo assim acredite que você nunca estará sozinho e que amigos espirituais que realmente conhecem seu mundo íntimo e o amam, virão em seu auxílio dissipando a injustiça, o medo e a insegurança.

Sofremos e nos sentimos amedrontados quando não entendemos nossa ligação com o Pai Criador, fonte da Vida. Quando compreendemos nossa filiação divina, somos mais fortes e destemidos porque nos alimentamos desta energia que flui incessantemente e nos liberta, levando-nos a viver integralmente.

Quando compreendemos que Jesus é Vida – concedendo-nos a certeza da imortalidade, o Caminho que nos levará de retorno ao Pai, através da Verdade que nos libertará –, venceremos o medo, que será tão somente uma ilusão.

Simplesmente feliz

SERÁ POSSÍVEL SER feliz neste mundo?

Creio que sim. Não a felicidade que se busca nas coisas efêmeras da vida, mas aquele momento mágico em que nos colocamos acima de tudo o que é tangível para perceber, no âmago das coisas e pessoas que nos cercam, o sentido real que representam em nossas vidas e o valor essencial de cada uma delas.

É tão controvertida a análise do que seja um homem feliz...

Para alguns, é a conquista do poder, da glória... Para outros, é a riqueza material com que adquirem coisas, objetos de valor, aparelhos de locomoção sofisticados para comandarem seus negócios, suas posses... Para tantos outros, são as condições que lhes possibilitem viajar pelo mundo, conhecer outras terras, visitar países longínquos e exóticos... Todos estes encontram o prazer nas sensações ainda ligadas ao dinheiro, à riqueza material.

Serão, realmente, felizes?

Não estaria a felicidade real na vida simples dos que vivem na contemplação do belo, do inatingível, do infinito das horas, quando as reflexões mais profundas invadem o ser, levando-os a entender a poesia da vida, a excelência do amor, a grandeza da verdade?

Entretanto, muitas pessoas se dizem infelizes, porque não possuem bens materiais, posições de destaque na sociedade... Não cogitam refletir em torno do sentido da vida, sobre o que as levaria a entender que felicidade reflete o nosso mundo íntimo e não está nas coisas exteriores ou nos valores perecíveis.

Muitos entendem que felicidade é a ausência da dor, dos problemas vivenciais, das preocupações com sua sobrevivência, como se a vida fosse isenta de lutas e desafios em nosso estágio de evolução.

Allan Kardec, no capítulo V de *O evangelho segundo o espiritismo*, nas "Instruções dos Espíritos", coloca uma mensagem de François Nicolas Madeleine, Cardeal Marlot, recebida em Paris em 1863, na qual ele discorre sobre a felicidade aqui na Terra. E logo no início, ele diz que:

> [...] em função do grande número de pessoas que reclamam neste mundo, prova melhor do que todos os raciocínios possíveis, esta máxima de *Eclesiastes* "a felicidade não é deste mundo". Com efeito, nem a riqueza, nem o poder, nem mesmo a florida juventude são condições essenciais à felicidade. Digo mais: nem mesmo reunidas estas três condições tão desejadas, porquanto incessantemente se ouvem, no seio das classes mais privilegiadas, pessoas de todas as idades se queixarem amargamente da situação em que se encontrem.[43]

Analisando as posições diferentes em que nos encontramos na Terra, toda as múltiplas necessidades humanas e as situações e reações na luta pela sobrevivência física, começamos a entender que a felicidade é mais um estado emocional relacionado com o sentimento que vige dentro de nós no enfrentamento das dificuldades e das dores morais.

Joanna de Ângelis nos ensina que a felicidade não *"está adstrita a determinados padrões, de maneira a que seja a mesma para todos."*

E leciona:

---

[43] KARDEC, Allan. *O evangelho segundo o espiritismo*. P. 113.

> Estando as pessoas em estágios com diferentes níveis de consciência e de conhecimento, as suas aspirações diversificam-se, apresentando-se em tonalidades muito especiais, representativas de cada qual. Desse modo, o conceito de felicidade na vivência normal e comum é muito diferente em relação aos seres humanos, apresentando-se com características próprias, referentes ao estágio e à qualidade da emoção de cada um.[44]

Refletindo nas citações da benfeitora espiritual, muitas indagações afloram em minha mente, e passo a analisar a felicidade de forma mais profunda.

Agora, no momento em que escrevo, pergunto a mim mesma: *Estou feliz?*

E estar feliz neste instante de minha vida, em que procuro repassar para você, querido leitor, o que sinto e como entendo a felicidade aqui na Terra, não é difícil porque estou analisando um estado de minha alma que se encontra tranquila, admirando através da janela um lindo céu azul, entremeado de nuvens muito brancas, tendo o Sol invernal um tanto acanhado e tardio, mas que aquece e ilumina um lindo dia...

Olhar a natureza em torno de mim é motivo de felicidade, de gratidão, porque meus olhos alcançam a amplidão, vislumbro cores, distingo ao longe as montanhas recortadas de ruas onde casas se alinham de forma desordenada, mas de rara beleza em sua diversidade de cores e formas... E imagino que dentro destas moradias existem pessoas como eu, que buscam entender o porquê da vida, trabalham, se esforçam para viver em paz e acreditam em Deus, em Sua bondade infinita, em Seu amor imensurável por nós...

Estar feliz é simplesmente ser feliz num determinado momento. Vivendo intensamente este instante que, de tão comum e verdadeiro, se torna simples e imperceptível para os mais desatentos...

Todavia, se eu mudar o verbo e formular a pergunta: *Sou feliz?*

---

[44] FRANCO, Divaldo Pereira. *Atitudes renovadas*. Pelo Espírito Joanna de Ângelis. Salvador: LEAL, 2009, p. 122.

Muda completamente o sentido, porque ser feliz implica em situações permanentes que irão sobreviver além da existência física. Reconheço, assim, a impermanência deste instante de felicidade.

Ser feliz é ter consciência do que sou, do que busco na vida, do que é essencial à paz e ao equilíbrio de minhas emoções. É compreender que eu sou um espírito imortal, que tenho um corpo perecível do qual me utilizo nesta reencarnação, adquirindo o que preciso para ser feliz, mas não sou as coisas e os valores intelectuais que possuo, os títulos que recebi, mesmo os merecidos, o nome que uso, nem os dados que me identificam como cidadã...

Estou usufruindo destes objetos e valores necessários ao meu viver aqui na Terra, mas eu sou muito mais que tudo isto, na carreira das vidas sucessivas...

Condicionamos, muitas vezes, a felicidade às aquisições de bens ou conquistas no âmbito profissional ou social... Reagimos de formas variadas com relação aos meios empregados para realizar nossos desejos. Mas todos nós temos metas a seguir e anseios ligados aos nossos interesses pessoais.

Entretanto, para ser feliz realmente, temos de educar nossos sentimentos, equilibrar nossas emoções, entendendo que estar feliz é transitório, enquanto desejar uma felicidade real depende unicamente da autoconsciência e dos níveis éticos estabelecidos para cada um de nós: *"A alegria é a presença de Deus no coração do ser humano, cantando, sem palavras, melodias de perenidade, mesmo que de breves durações"*.[45]

Ser feliz, portanto, é sentir a presença de Deus nas coisas mais simples da natureza e naquilo que toca o nosso coração, quando olhamos através dos olhos da alma as belezas da criação divina... O olhar puro de uma criança, os pássaros que cantam no amanhecer festejando a

---

[45] FRANCO, Divaldo Pereira. *O despertar do espírito*. Pelo Espírito Joanna de Ângelis. Salvador: LEAL, 2000, p. 72.

vida, o colorido das flores singelas, as ondas do mar beijando a areia aquecida pelos raios de Sol, a estrada alongada por onde caminho pisando as folhas secas e o capim macio, a face enrugada do ancião sinalizando suas vivências, como rotas seguras que refletem sua experiência, a diversidade das cores que contornam os campos e as montanhas em sua perenidade, enfim, tudo o que permanece, embora se transforme, e não depende de nós.

Mesmo sabendo que este momento é transitório, eu estou feliz em poder refletir diante da beleza da vida que estua diante de mim!...

E você, querido leitor, está feliz?

Estar feliz é o primeiro passo que ensaiamos para conquistar a felicidade real.

Solidão – uma escolha infeliz

No silêncio da noite, a chuva cai suavemente, de encontro à vidraça...

O tamborilar dos pingos, ritmado e constante, lembra suave melodia que embala minha alma... Como gotas de luz, escorrem e formam desenhos, emoldurando a noite, convidando-me à reflexão em torno da vida em sua constante mutação.

Na noite fria e chuvosa, meu pensamento se espraia como a chuva tocada pelo vento, molhando a terra e dando um brilho mais intenso às luzes da cidade que adormece. As gotas da chuva lembram lágrimas sentidas no rosto de quem sofre a dor da ausência e da solidão...

Estou só e procuro sua companhia, querido leitor, mas busco, também, nas lembranças do passado, o lenitivo que suavize as horas neste recolhimento, que não chega a ser solidão, mas que me leva a reflexões mais demoradas.

Recordando os entes queridos que partiram, sinto uma saudade mesclada de ternura e gratidão a Deus, porque compreendo que a distância não cortou os liames do amor que nos une e que um dia nos reencontraremos em outra dimensão da vida.

Compreendo que, ao partir, levarei tão somente o que sou caracterizando meu ser, após a longa jornada, e, ao atravessar o portal da imortalidade, estarei retornando ao lar e à vida que se esplende além, na dimensão espiritual.

Meu momento é hoje. Vivo-o intensamente como se fora meu último instante aqui na Terra. Procuro perdoar, esquecer o mal e isto apazigua meu coração, que se torna leve, sem mágoas, sem ressentimentos...

Penso no Bem e na Luz e sei o quanto poderei fazer ainda para povoar minha mente com pensamentos de amor, de compreensão e de bondade. Sei que assim nenhum mal atingirá meu coração.

Espanto a solidão, antevendo a possibilidade de realizar ainda muitas coisas que beneficiem a meu próximo e a mim mesmo.

É essencial que todos nós, que já atingimos a terceira idade e caminhamos para o encerramento da vida biológica em nossa existência atual, não nos isolemos, receosos de procurar uma convivência saudável. Somos seres gregários e necessitamos estar com outras pessoas que, semelhantes a nós, propiciem um relacionamento que enriqueça nossos momentos, não nos deixando levar pela tristeza do isolamento.

Muitas mudanças ocorrem quando atingimos a maturidade física.

Podemos enfrentar com bom ânimo este processo se nos voltarmos para o lado positivo com que esta fase da vida, enriquecida pela experiência e pelo conhecimento, poderá nos brindar. Conquistaremos muitas vantagens, buscando estar sempre bem acompanhados, em grupos da mesma faixa etária, em trabalhos voluntários ou simplesmente ao lado dos familiares, sem nunca nos isolarmos.

Um dos graves problemas para os idosos é enfrentar as perdas e sobreviver com dignidade e esperança.

Realmente, perdemos não apenas amigos e parentes, mas nos vemos em meio a mudanças radicais diante da incapacidade física e intelectual que se acentua com o tempo.

Entretanto, se estamos bem integrados no meio familiar e social, enfrentaremos melhor essas perdas, que poderão ser atenuadas com os recursos que a Medicina atual nos concede no campo material. A ausência dos entes queridos pela morte física será suportada através de uma melhor participação em atividades sociais e religiosas, que nos sustentem a prosseguir sem o isolamento e a reclusão.

Se nos deixarmos levar pela solidão e a tristeza, as dores serão mais acentuadas e o envelhecimento mais acelerado em todos os aspectos, tanto físico como mental.

O grupo familiar é muito importante como apoio e acolhimento para que os idosos se sintam valorizados e respeitados em seus direitos. Um bom entrosamento familiar requer diplomacia e amor.

O preconceito é que torna a vida de muitos idosos solitária e triste.

Quando nos refugiamos em momentos de reflexão, para meditar e orar, estamos voluntariamente buscando os recantos de paz que nos farão mais revigorados pela fé e confiança no futuro.

Joanna de Ângelis, em mensagem elucidativa em torno da necessidade de ficarmos sozinhos, de nos recolhermos para meditar e refletir em torno dos problemas vivenciais, nos diz: *"O silêncio, o isolamento espontâneo, são muito saudáveis para o indivíduo, podendo permitir-lhe reflexão, estudo, autoaprimoramento, revisão de conceitos perante a vida e a paz interior"*. [46]

Joanna de Ângelis esclarece que: *"A neurose da solidão é doença contemporânea, que ameaça o homem distraído pela conquista dos valores de pequena monta, porque transitórios"*. [47]

Entretanto, se alguns minutos de recolhimento e prece revitalizam a alma e nos fazem mais corajosos e fortes, a solidão, invadindo nossas vidas, irá causar males incontáveis, podendo até nos levar à depressão e a outras enfermidades físicas.

---

[46] FRANCO, Divaldo Pereira. *O homem integral*. Pelo Espírito Joanna de Ângelis. Salvador: LEAL, 1990, p. 26.
[47] *Id. Ibid.*, p. 26.

A interiorização voluntária, buscando o recolhimento necessário para meditar, estar sozinho para análise dos problemas vivenciais e mesmo atender a uma necessidade maior de isolamento temporário é diferente da solidão imposta pelo abandono dos familiares e dos amigos, que se distanciam na mesma proporção em que vamos adentrando no inverno da vida...

Muitos idosos, deixando-se abater pelas sombras da solidão, justificam seu afastamento do convívio social dizendo que seus familiares e companheiros estão ausentes e que preferem viver sozinhos... Todavia, sofrem com esta atitude. O correto seria buscar novas amizades, um convívio social adequado à sua faixa etária e seguir vivendo com otimismo e gratidão a Deus pela vida que esplende convidativa a cada novo dia.

Quando estivermos conscientes de nossa responsabilidade diante dos deveres, não estaremos solitários, porque iremos buscar em nossos ideais enobrecedores a sustentação necessária para uma vida harmoniosa e feliz.

A natureza é rica em exemplos de união, fraternidade e ensinamentos de que ninguém deve viver isolado. Os animais se agrupam; as aves voam sempre em bandos alegres pelo céu; as flores se multiplicam e se entrelaçam ao sabor do vento, colorindo nossos jardins e nossos campos; os peixes nadam juntos, unidos para aumentar sua defesa contra os predadores... Tudo na natureza nos demonstra o valor da união e da solidariedade.

Se em noites de solidão, ouvindo o tamborilar da chuva na vidraça, formos tentados a viajar nas asas da tristeza e da saudade, que seja por momentos breves...

Procuremos na oração o apoio de que necessitamos e regressaremos ao mundo real que nos oferece mãos amigas, gestos solidários em motivações constantes para viver em paz e harmonia.

Bem-estar na aposentadoria

É PRECISO PENSAR mais em você...

Quando estamos na terceira idade, ouvimos, constantemente, esta frase, como se fosse um consolo ao nos aposentarmos das atividades profissionais...

A aposentadoria deveria ser uma premiação pelos longos anos de exercício profissional, quando estivemos frente a frente com problemas e dificuldades, esforçando-nos para realizar nossas tarefas e, muitas vezes, até com sacrifício de muitos sonhos e ideais.

Trabalhávamos com dedicação e nos esforçávamos para dar conta de tudo, sem prejudicar nossa vida familiar, os deveres com aqueles que dependiam de nós dentro do lar e os trabalhos voluntários que ainda buscávamos realizar.

Infelizmente, nem todas as pessoas reagem com equilíbrio diante da aposentadoria e se entregam à ociosidade ou buscam nos prazeres materiais a compensação para preencher a vida que, agora, nesta fase, fica sem sentido, porque não cultivaram os valores espirituais que enriquecem os dias de quem tem fé e confiança no futuro.

Logo que se aposentam e se veem livres de horários e obrigações, desejam aproveitar todas as oportunidades, como viajar, visitar lugares desconhecidos, ficar conversando tardes inteiras com os amigos, jogando no clube nos dias de semana, ou, simplesmente, diante da televisão por horas a fio...

Depois vem o tédio, a monotonia dos fatos repetitivos, a descrença, e ficam irritadas, implicantes, culpando os outros por suas frustrações e, numa tentativa de justificar sua insatisfação diante da vida, acusam seus semelhantes ou o governo de tudo o que acontece de negativo, motivando sua infelicidade.

Entretanto, existem aqueles que sabem, realmente, aproveitar a aposentadoria e se entregam aos trabalhos voluntários, às viagens recreativas; visitam parentes e amigos; prosseguem aprendendo algo que enriqueça seus dias e se mantêm equilibrados, felizes ao lado dos familiares, demonstrando que ainda são úteis e criativos, e, quando necessário, realizam algum trabalho que acrescente mais recursos ao orçamento do grupo familiar.

Quando agimos com bom senso e temos a felicidade de encontrar o real sentido da existência terrena, apenas nos aposentamos de nossas profissões, de nosso trabalho e até mesmo de nossas atividades vocacionais... Entretanto, não abrimos mão de nossa vocação ao usar os talentos para os propósitos de Deus, sendo esta atividade vitalícia.

Jamais deveremos abandonar este propósito...

Sendo o termo vitalício sinônimo de *para toda a vida*, e, em seu sentido mais amplo, vitalizar significa *restituir a vida, restaurar*, poderemos acrescentar que a atividade vitalícia nos reintegra nos deveres que enriquecem nossa existência, e somente estaremos felizes seguindo as diretrizes de nossa consciência ética.

A vida profissional poderá estar encerrada, mas prosseguiremos edificando o que temos de melhor dentro de nós mesmos, participando da sociedade e interagindo com nossos semelhantes... Ninguém é tão pobre e sem talento que não possa contribuir para um mundo melhor. Todos têm algo de bom para ofertar à vida...

Pensar mais em nós mesmos... Todavia, sem atitudes radicais e egoísticas, e sentiremos dentro de nós aquela sensação de dever cumprido após ter criado nossos filhos, encerrado nossos deveres profissionais. Usaremos nossa liberdade, direcionando nossas vidas para atividades que, realmente, nos fazem tranquilos e felizes.

Terceira idade não equivale a uma vida inativa, sem problemas vivenciais ou limitações físicas. Existem os benefícios advindos da liberdade e do tempo mais disponível para realizar o que desejamos, mas encontramos barreiras e dificuldades inerentes a este ciclo biológico.

Cuidando de nossa mente e de nosso corpo, usando dos recursos que a Medicina nos concede; com terapias e prevenções das enfermidades, poderemos ter mais anos de vida e com maior qualidade.

Além dos cuidados com a saúde física, com a alimentação e os exercícios físicos, poderemos ter um *hobby*, participar de reuniões culturais, realizar passeios, viajar, se relacionar com pessoas da mesma faixa etária para a troca de experiências e realizar um trabalho voluntário que esteja ao nosso alcance.

Assim, elevaremos a autoestima e nos sentiremos mais integrados na vida social e familiar.

Manter a mente ocupada com aprendizado constante e acreditar em si mesmo é primordial para afastar o fantasma da solidão e a depressão.

A aposentadoria poderá ser, para nós, um tempo de reconstrução e de novas descobertas. Basta usar o potencial criativo que todos possuímos e enfrentar a vida com otimismo e bom senso.

No Grupo da Terceira Idade de que participo, temos palestras elucidativas que nos motivam a viver com equilíbrio esta fase de nossas vidas.

A médica que nos dá orientações para viver de forma saudável na maturidade física, falando sobre depressão pós-aposentadoria, nos deu subsídios para enfrentar as dificuldades.

Enquanto para muitas pessoas a aposentadoria é sinônimo de descanso e de mais tempo para curtir a vida, para outras significa falta do que fazer, desânimo e até depressão.

Como reverter este quadro?

O essencial não é aposentar a vida mental, as ideias, os planos para o futuro, e, sim, reestruturar a vida e refazer as relações com os familiares e com os amigos e manter uma atividade intelectual ou artesanal que nos leve a desenvolver a criatividade.

Repasso para vocês os conselhos e as dicas que a estimada médica nos forneceu:

¶ Planeje sua vida e estabeleça metas que estejam ao seu alcance.

¶ Coloque um novo sentido em tudo o que faz e busque atividades que lhe deem prazer.

¶ Cultive a espiritualidade. Estar em sintonia com Deus, ter fé e viver em comunidade é muito saudável.

¶ Cuide de si mesmo. Agora a falta de tempo não é desculpa para abrir mão de uma alimentação balanceada e de exercícios físicos.

¶ Não se isole e cultive as boas amizades. Fará muito bem a você fazer novos amigos.

¶ Participe da comunidade onde vive, aderindo a clubes, associações de bairros ou grupos de apoio. A socialização é um dos segredos para se viver bem e por mais tempo...

¶ Busque divertir-se. O lazer é uma fonte de alegrias, e a dança é uma excelente forma de mexer com os sentimentos e com o corpo.

¶ Seja voluntário. Use sua experiência de vida e seus talentos em benefício de seu próximo.

¶ Evite o desgaste físico e emocional. Se voltar a exercer algum trabalho, seja por necessidade financeira ou não, é preciso que o ritmo seja menos intenso e que haja condições salutares para isto.

¶ A terapia de apoio é muito útil e ajuda-nos a reestruturar a vida. Os antidepressivos são mais seguros que antigamente e podem contribuir de modo positivo para aliviar o sofrimento psíquico do doente, desde que recomendados por um médico que os maneje bem e avalie, individualmente, se poderão ou não interferir no metabolismo de outros medicamentos, muitas vezes utilizados de forma simultânea no tratamento da depressão.

¶ Faça diariamente alguns minutos de meditação, relaxando a mente e o corpo, abrindo as comportas de sua alma para expandir seu pensamento, buscando haurir fluidos saudáveis, mantendo a higienização psíquica, tão importante para o equilíbrio da vida em nós e em torno de nós.

¶ Mantenha contato com a natureza. Visite locais onde possa estar distante da poluição sonora e ambiental das cidades. Caminhe na praia, nos parques de sua cidade, no campo em contato com o verde, as flores, harmonizando seu psiquismo e equilibrando suas emoções.

¶ Ore sempre, com simplicidade, sem rituais, e se entregue ao Criador, confiando que suas rogativas serão ouvidas, e saiba aceitar as respostas de Deus. Ele sabe o que melhor nos convém.

¶ Aceite a vida, mas sem se acomodar na insatisfação do que poderá ser mudado para melhor. Lute por seus ideais e busque as melhores soluções, sem depender dos outros ou deixando que interfiram em sua vida, ditando normas ou estabelecendo regras que não deseja seguir.

¶ Seja transparente e autêntico em seus relacionamentos. Um amigo é um tesouro que a vida nos concede. Saiba valorizá-lo e manter o clima de confiança mútua que existe entre vocês.

¶ Não subestime suas qualidades, mas também não se envaideça julgando ser melhor que seus semelhantes. A humildade é o primeiro passo para nos sentirmos mais perto da gratidão e do respeito que devemos uns aos outros na vida de relação.

¶ Seja feliz! Você encontrará mil motivos para ser feliz, desde que queira. E lembre-se: encontramos a felicidade nas coisas mais simples da vida, as quais o dinheiro não pode comprar. Para isto, temos de ver com os olhos da alma e sentir com o coração, exteriorizando a sensibilidade que reside em nosso íntimo, sem medo ou receio de errar...[48]

Essas dicas, estimado leitor, talvez não resolvam todos os seus problemas vivenciais, mas ajudarão a tornar seus dias menos vazios e darão a você indicações mais seguras de como ser feliz e estar bem na aposentadoria, utilizando seu tempo com sabedoria e bom humor.

Não esqueça nunca que somos espíritos imortais e caminhamos rumo à nossa destinação espiritual!

A vida continua... Sempre!

---

[48] ALTAF, Gilda Sffeir. Palestra no ETI – Encontro da Terceira Idade – DAF – Casa Espírita, maio 2011.

Sonhando com um mundo melhor...

Em determinadas épocas do ano, contemplo a estrela solitária brilhando no céu, entre nuvens suaves e róseas colorações, evidenciando a chegada de um lindo dia de sol...

Seu fulgor demonstra sua grandeza. Aos poucos, ela vai caminhando lentamente em direção contrária ao nascer do Sol, todas as manhãs, até que cumpra sua rota em torno da Terra, e se esconda durante algum tempo, para novamente brilhar ao entardecer, completando seu ciclo.

Admiro sua beleza inconfundível brilhando sozinha no firmamento, majestosa, exuberante... Quando surge ao amanhecer é denominada Estrela-d'alva, ao entardecer é Vésper, como é conhecido o planeta Vênus.

Falando dessa "estrela", que é um planeta e não tem luz própria, refletindo a luz solar e que dizem não ter vida, nem ser habitável, fica difícil aceitar estas características, porque, além de ser linda, nos chama a atenção por seu brilho, por seu tamanho; ao contemplá-la, sinto uma vibração tão intensa como se estivesse conversando comigo, falando de outras vidas, de outros tempos, e me ponho a meditar, pensar, sonhar que lá poderia existir pessoas como eu, que desejam um mundo melhor, pacífico, pleno de amor e compreensão entre os povos, isento das guerras, dos desmandos, da predominância dos fortes esmagando os mais fracos, da injustiça social causando tanta miséria e desesperança...

É utopia sonhar com esse mundo?

Será tão difícil assim concretizar esse sonho, que não é apenas meu, mas de tantas pessoas que amam a paz, que são generosas e compreendem as fraquezas alheias, perdoando-as, porque também têm necessidade da compreensão e do perdão?

Creio que muitos esperam e lutam para que esse sonho se torne realidade, compreendendo que depende de todos nós conquistá-lo, começando a transformação dentro de nosso íntimo, até alcançar e influenciar aos que convivem conosco, para depois atingir os mais distantes e, finalmente, a sociedade na qual estamos inseridos.

Vai demorar ainda muito tempo?

Não importa. O momento de iniciar essa mudança dentro de nós é hoje, porque já estamos cientes dos objetivos reais de nossa existência e temos o conhecimento espírita a nortear nossa vida.

Mesmo em momentos difíceis, quando tudo em torno de nós parece desabar, neste mundo de tantas provas e lutas cruciantes, não podemos desanimar e devemos lutar sempre contra tudo o que nos leva a estados de depressão, de angústia e desinteresse.

É importante manter vivo o ideal.

Alimentá-lo com a confiança no futuro e com todos os recursos que Deus nos concede a cada novo dia.

Joanna de Ângelis, no livro *O amor como solução*, nos fala que temos de ousar no enfrentamento das dificuldades para obter a iluminação interior e que não podemos apenas nos acomodar, pautando nossos atos nas heranças recebidas e nas aquisições logradas...

Devemos lutar sempre para realizar nosso ideal, e leciona:

Indispensável, pois, desenvolver-se a capacidade de ousar a edificação do bem em toda parte, iniciando-se pelo nobre esforço da transformação interior, da educação dos sentimentos, do controle da vontade sobre eles, da perseverança nos compromissos de libertação.[49]

A nobre benfeitora nos incita a ousar no Bem, a embelezar nosso mundo íntimo, desenvolvendo, dentro de nós, as potencialidades adormecidas, mas que podem ser liberadas em favor de nosso crescimento espiritual.

E sabiamente nos aconselha a ousar em favor da própria imortalidade, priorizando os valores espirituais, colocando o Espírito como o maior detentor das riquezas imperecíveis, aquelas que deveremos cultivar e ampliar nas lutas do cotidiano, no enfrentamento dos óbices que tentam nos retardar ou acomodar ante os infortúnios e embaraços na vida de relação.

Creio mesmo que o atraso na conquista deste mundo de regeneração e paz com que todos sonhamos e almejamos está no descuido dos valores espirituais e na ênfase exagerada que damos à vida material.

E nos incitando a não desanimar e prosseguir no empenho deste sonho, ela nos diz:

> Romper a acomodação social, cultural, religiosa, emocional, constitui um dever de todos aqueles que amam e anelam pela felicidade pessoal, na qual está embutida a que diz respeito aos demais seres humanos. Esse tentame acontecerá de forma pacífica e edificante, de modo que as suas sejam construções dignificadoras. [50]

Todo processo de mudança não se realiza sem lutas, sem alterar situações acomodadas que se arrastam ao longo da vida, sem desejar com fé o fim almejado, porque estamos inseridos na lei do progresso que leva o mundo a alterações comportamentais frequentes.

---

[49] FRANCO, Divaldo Pereira. *O amor como solução*. Pelo Espírito Joanna de Ângelis. Salvador: LEAL, 2006, p. 92
[50] *Id. Ibid.*, p. 93.

Enfatizando que a mudança maior deve ocorrer dentro de cada um de nós, estamos considerando a necessária coragem para alterar nosso modo de vida, sair de nosso comodismo, de achar que não temos tempo ou de que não vale a pena lutar, porque já adentramos na velhice...

É um anseio natural da alma humana, ser feliz e realizar seus ideais e seus sonhos. Mas é imprescindível lutar para alcançar estes objetivos. Não podemos nos isolar em nossos pontos de vista, mas buscar nos relacionamentos uma ligação mais afetiva, que identifique nosso ideal superior. Há sempre uma identidade no ser humano que se iguala com a do próximo: a busca da felicidade e o desejo de viver em paz. Se nos isolarmos, ficaremos sem o apoio necessário quando surgem as adversidades da vida.

É imperioso, nesta trajetória terrena, não ceder aos impulsos negativos e pessimistas que ainda nos confundem, amedrontam... Manter o idealismo e a coragem para prosseguir impulsionados pela energia do amor.

Talvez, este momento seja a oportunidade de crescimento espiritual e de nos tornarmos mais compreensivos e tolerantes, ensejando as mudanças necessárias para uma vida melhor.

Desafios do caminho

AMANHECE. AS BRUMAS da noite que findara cedem lugar à luminosidade que este despertar da natureza impõe, refazendo a beleza de um novo dia...

O céu, de um azul suave e pálido, adornado de nuvens cor-de-rosa, em desenhos e arabescos graciosos, emoldura este alvorecer... Elevamos nosso pensamento ao Criador em agradecimento pela vida, pela beleza que nos cerca, e as suaves vibrações de paz e amor nos chegam como orvalhos de bênçãos.

Nasce mais um dia neste tempo de luzes e cores, felicitando nossos corações com renovadas esperanças, em um mundo de paz e amor.

Esses pensamentos nos levam a reflexões em torno do viver e do sofrer. Colocam-nos frente a frente com a lógica e a racionalidade dos conceitos espíritas que explicam os infortúnios, as dores e todas as violências que geram sofrimentos intensos nos dias atuais.

Todos sofremos. Somos provados nas lutas e nos obstáculos, visando nosso crescimento espiritual, como também estamos em processo de reajuste e reparação de erros passados, expiando diante da Lei Divina a semeadura de ontem que resulta nas dores acerbas do presente.

É natural que nesta fase de nossas vidas, adentrando a velhice física, já estejamos mais calejados pelo sofrimento, entretanto, algumas pessoas se desesperam diante das dificuldades e das perdas.

Esclarecendo bem o posicionamento de cada um na escolha das provas e dos desafios no processo reencarnatório, Allan Kardec pergunta aos Espíritos Superiores: *"O que guia o Espírito na escolha das provas que queira sofrer?"*, ao que Eles respondem: *"Ele escolhe as que lhe possam servir de expiação, segundo a natureza de suas faltas, e o façam progredir mais depressa. [...]"*.[51]

Naquele momento, ante o imperativo da Lei e o desejo sincero de reparar seus erros, o Espírito escolhe com discernimento o que melhor se enquadra em sua linha de progresso moral, mas, infelizmente, após a reencarnação, o véu do esquecimento lhe tolda uma visão mais ampla de seu destino e, não raras vezes, desanima e recua ante as dores cruciantes que lhe chegam e fica revoltado contra os desígnios de Deus.

A Doutrina Espírita nos dá subsídios para sofrer sem desespero, ensejando-nos um raciocínio mais amplo acerca dos sofrimentos, das decepções, dos problemas que dificultam nossa caminhada aqui na Terra.

Existem vários tipos de sofrimento, e as reações às dores morais ou enfermidades físicas terão variações e diferentes graus de intensidade.

Manifestam-se quando:

¶ Vivenciamos a perda de pessoas amadas...

¶ Defrontamo-nos com parentes difíceis e amigos que complicam nossas vidas...

¶ Sofremos doenças irreversíveis na solidão e no abandono...

¶ Deparamo-nos com mudanças bruscas, com prejuízos morais, sociais ou materiais, abalando a estrutura familiar...

---

[51] KARDEC, Allan. *O livro dos espíritos*. Q. 264.

¶ Impedimentos físicos ou morais afastam-nos daqueles que amamos...

¶ Sofremos ingratidões e somos abandonados por aqueles que se diziam nossos amigos...

¶ Enfrentamos dificuldades e falta de apoio no enfrentamento das crises morais...

Essas situações, tão comuns em nossas vidas, muitas vezes, desagregam os laços de fraternidade, induzem os menos fortes ao abandono das tarefas no Bem e os colocam marginalizados, entregues ao desânimo e sem suporte moral para prosseguir.

Uma das dificuldades maiores que encontramos é o convívio com irmãos aos quais lesamos ou complicamos suas vidas no passado, ocorrendo situações embaraçosas que somente o amor e a compreensão poderão amenizar nosso relacionamento.

Todas as dores e os desafios do caminho são testemunhos que escolhemos para fixar em nosso mundo íntimo os valores espirituais necessários ao nosso progresso moral.

Somos testados todos os dias, o que exige de nós paciência, renúncia e abnegação.

> Mas o que dizer da adversidade e da dor?
> Ambas parecem não fazer muito sentido até entendermos que elas podem ser um estímulo para o crescimento espiritual e a transformação. Elas são os verdadeiros meios pelos quais crescemos como seres humanos. [52]

Em sua função educativa, a dor nos faz, realmente, crescer mais rapidamente que qualquer outro processo de aprendizado ou experiência social.

Confortados pelo conhecimento das vidas sucessivas e da Justiça Divina, nosso fardo será mais leve e as aflições do caminho não nos deixarão desanimados.

---

[52] CAMPBELL, Eillen. *Tempo de viver.* P. 123.

Assim, querido leitor, quando a dor se abater sobre seu coração, não desanime, confie em Deus e seja paciente. Aguarde a resposta de Deus às suas preces e não permita que a revolta e o inconformismo perturbem seu mundo íntimo.

Sejamos sempre instrumentos do Bem, apesar das lágrimas vertidas na solidão das horas difíceis.

Olhemos o futuro que nos aguarda... Vale a pena viver sob o sol do amor.

Há um mundo infinito de bênçãos e oportunidades para todos nós.

Assim como o Sol dissipa as brumas da noite e ressurge a cada novo dia, dourando a natureza que nos cerca, poderemos dissipar as nuvens da incompreensão, do desespero, da amargura, acendendo em nossos corações as luzes da esperança, do amor e da confiança em Deus.

Permanecendo na vida

A MORTE É, ainda, para muitos indivíduos, apavorante, devido ao desconhecimento da vida espiritual, e mesmo para aqueles que acreditam na sobrevivência da alma, perdura a dor inigualável da partida do ente querido para uma dimensão extracorpórea inatingível por nossos sentidos físicos.

A morte tem sido questionada por estudiosos do comportamento humano desde a Antiguidade...

Filósofos tentaram entendê-la, criando correntes de pensamentos sem chegar a um entendimento mais amplo e sem conseguirem dar àqueles que sofrem a dor da separação física um conforto moral e uma explicação a este suposto aniquilamento do ser.

Muitas vezes, ela chega inesperadamente, ceifando criaturas ainda jovens, saudáveis, em detrimento de outros idosos no mesmo contexto familiar.

Alterando planos e projetos de vida, deixando familiares inseguros e sofrendo a injunção dolorosa, a morte não tem, para a maioria dos homens, uma explicação lógica...

Entretanto, na visão espírita, a morte é a interrupção da vida física, mantendo em outra dimensão – a espiritual – o ser com todas as suas características e com os mesmos gostos e pendores.

O Espírito sobrevive à morte e estará no plano espiritual conforme sempre viveu.

Inúmeras pessoas vivem como se nunca fossem morrer ou sofrer a perda de um ente querido... Não gostam de falar deste assunto e se esquivam, mantendo-se despreparadas para enfrentar esta situação, que é inevitável para todos os seres viventes, entretanto, deveríamos nos educar para enfrentar este momento.

Precisamos pensar na morte como pensamos na vida, preparando-nos através do desapego das coisas materiais e das pessoas, como um exercício constante que irá anular o injustificável medo de morrer.

Substituir em nosso mundo mental o medo pela certeza da sobrevivência, cultivar os valores do espírito imortal, educar nossos sentimentos e desenvolver o conhecimento da vida espiritual através do estudo são recursos para nos familiarizarmos com tudo o que se relaciona com a morte e, assim, tratarmos deste assunto com naturalidade e discernimento.

Sempre compreendi a morte como uma mudança de planos – do material para o espiritual. Desde criança, fomos educados, à luz da Doutrina Espírita, para a aceitação tranquila deste acontecimento.

Ao longo da vida, fui compreendendo e aceitando o morrer como um fato natural, mesmo com o sofrimento em torno da partida para o Além de pessoas queridas que tiveram grande participação em minha vida atual.

Todavia, sempre comentava com familiares e companheiros das lides espíritas que não estava preparada para ver a partida para o mundo espiritual de um filho... Subestimava o amor de Deus por todos nós, que não nos deixa em desamparo, principalmente quando a dor é imensa...

Foi justamente na perda de minha filha que entendi os desígnios de Deus prevalecendo em detrimento de nossos sonhos e projetos de vida, dando-nos a compreensão e o suporte necessários para vencer a dor dilacerante desta separação.

Valeram muito e positivamente todos os ensinamentos adquiridos através da Doutrina Espírita, motivando-me a ter fé e aceitar com serenidade íntima os acontecimentos. Consegui ser forte e ajudar minha filha a manter a confiança em Deus e em seu futuro espiritual. Sofremos juntas momentos de intensa dor, mas nunca perdemos o equilíbrio e a fé. Do contrário, sucumbiríamos diante da separação inevitável.

Hoje valorizo tudo o que passei, as oportunidades que sempre tive de trabalho no Bem, recurso valioso para superar os sofrimentos e o vazio existencial que tentam nos desequilibrar diante da morte.

Desejo, na abordagem deste assunto, ressaltar o valor da oração e da confiança em Deus como fatores indispensáveis para superação das dores morais que assaltam nossas vidas.

Os que depositam todas as suas aspirações apenas na vida material, esquecidos de sua destinação como espíritos imortais, sofrem mais intensamente porque, desconhecendo a sobrevivência da alma, tentam sufocar as lembranças e as perdas com a descrença e o apego aos bens terrenos, disfarçando o desespero em atitudes egoístas e ilusórias.

Mas todos nós que já conhecemos os valores espirituais e temos a certeza da imortalidade da alma, acreditando na continuidade da vida após a morte, estamos nos alimentando da fé da confiança em Deus, suprindo nossas fraquezas diante da dor e com o suporte inesgotável da prática da caridade e do amor como fontes perenes de nosso progresso moral.

Assim, estimado leitor, não temas a morte e nem se deixe abater pela lamentação e pelo desânimo diante daqueles que partiram para o Mundo Espiritual.

Emita pensamentos de amor e de esperança, de compreensão e aceitação da vontade de Deus, para que seu ente querido, onde estiver, receba as emanações fluídicas de paz e reconforto espiritual. Ore sempre e confie na proteção divina... Sua dor será amenizada pelo sentimento de humildade com que você se apresentar diante da vida, mesmo sofrendo a saudade e a ausência daqueles que lhe antecederam na grande viagem.

Todas as religiões enfatizam o valor da fé. Sem ela não suportaríamos os revezes da vida e os momentos difíceis que enfrentamos na luta de cada dia.

Sustentados pela fé, conseguimos resistir, suportar e enfrentar as dificuldades, conscientes de que não estamos sozinhos, e forças superiores nos ajudam, porque estamos interligados ao Pai Criador, misericordioso e justo, dando-nos inequívocos suportes para vencer e seguir nossa destinação, que é o progresso espiritual.

Temos de alimentar em nosso mundo íntimo este sentimento sublime que é a fé, principalmente nos momentos mais dolorosos de nossas vidas e quando o testemunho nos coloca em situações de risco, diante de problemas difíceis de serem solucionados.

> De nada vale a fé que só consegue florescer em tempo bom. A fé para ter algum valor, deve sobreviver à mais severas das provas.[53]

Este pensamento de Gandhi nos mostra o valor da fé quando enfrentamos as adversidades e mantemos nossa mente desanuviada de qualquer revolta ou desespero.

Diante da morte, confie em Deus e em sua destinação espiritual.

Não se entregue ao desespero nem à descrença.

A serenidade íntima dará a você condições de manter uma conexão libertadora e segura com a Fonte Criadora da Vida, induzindo seu espírito às conquistas perenes do espírito imortal, facilitando

---

[53] CAMPBELL, Eillen. *Tempo de viver*. P. 71.

sua compreensão em torno dos problemas que está vivenciando e amenizando seu sofrimento.

Aconselha-nos Joanna de Ângelis:

> Vive então o périplo orgânico, conscientemente, usando o corpo com finalidade elevada, porquanto ao chegar o momento de tua morte deixarás a massa material como borboleta ditosa que, após a histogênese, voa feliz nos rios suaves do infinito.[54]

Conhecendo nossa realidade espiritual, chegaremos mais tranquilos ao mundo espiritual, desde que estejamos, desde agora, vivenciando os ensinamentos de Jesus, que nos conduzem à harmonia íntima e à prática do amor em toda a sua grandeza.

---

[54] FRANCO. Divaldo Pereira. *Momentos de consciência*. Pelo Espírito de Joanna de Ângelis. 2. ed. Salvador: LEAL, 1995, p. 65.

O sentido da vida

Na leve pluma embalada pelo vento,
Vislumbrei a impermanência da vida
Tão fugaz, tão leve e passageira...
E descobri que para viver
Sem muito sofrer é preciso deixar a alma livre,
Voejando nas asas da poesia...
Deixar que esmaeçam as dores e os desenganos,
Fluindo nos versos singelos as emoções que sentimos
Quando amamos, mesmo sofrendo.
Sentir a magia da vida...
Escutar no farfalhar das folhas ao vento
As vozes abafadas dos que partiram...
Ouvir a música que a Natureza entoa a cada alvorecer.
Sentir o calor do Sol e o afago da brisa junto ao mar,
Percebendo, nestes gestos simples, a grandeza do amor de Deus!
Ser poeta é viver, ainda que os sonhos feneçam
E as ilusões se transformem na realidade fria do existir...
Buscar na beleza da vida que estua diante de nós
O alento e a força para prosseguir como filhos de Deus,
Usufruindo as bênçãos que o Seu Amor imensurável concede
Aos que não desanimam e prosseguem sob Sua proteção!

Estilo de vida

Ao atingirmos a idade adulta, somos o reflexo do que vivenciamos nos ciclos anteriores de nossa existência.

Envelhecemos conforme vivemos...

Na terceira idade, já percorremos um longo caminho, com experiências diversificadas, presenciando fatos que nos impressionaram, sofrendo perdas, conquistando valores, e assim construímos uma história que é somente nossa, portanto, intransferível. Todas as vivências e o que assimilamos neste aprendizado que a vida nos concede estão se manifestando de forma positiva ou negativa em nosso viver atual.

É importante, nesta fase, o autoconhecimento. É necessário refletir em torno do que fizemos e qual o estilo de vida que adotamos para nós. Ele irá influenciar decisivamente nossa vida no processo do envelhecimento.

Ao longo de todos estes anos, ajustamo-nos ao meio social, à família, às atividades profissionais, aos amigos... Fomos, lentamente, adquirindo hábitos, reformulando as decisões a serem tomadas diante dos problemas vivenciais, sofremos e lutamos sempre buscando uma qualidade de vida compatível com nossas aspirações.

Adquirimos, mesmo sem perceber claramente, um estilo de vida que nos faz, atualmente, ter uma conduta mais equilibrada e saudável, se já conseguimos amealhar os valores reais que enriquecem nossa existência, e desfrutar das condições ideais para prosseguir vivendo com otimismo e confiante em nossa destinação espiritual.

Entretanto, nem todos conseguem essa conquista valiosa...

Mesmo para aqueles que conseguem, ainda há tempo para reformular conceitos, redirecionar a vida, buscando, realmente, o bem-estar físico e o equilíbrio emocional.

Esse bem-estar se constrói passo a passo, de acordo com o ambiente em que vivemos, as atividades que desenvolvemos, os momentos de lazer, a alimentação escolhida e os relacionamentos no grupo familiar e social.

Buscar no autoconhecimento uma reflexão mais profunda do que se passa conosco, como estamos reagindo diante dos problemas e das dificuldades do caminho e ir reparando, aos poucos, nossas arestas e nossos conflitos para termos a paz e o bem-estar desejados.

Costumo dizer ao Grupo da Terceira Idade que coordeno que as nossas atitudes perante a vida falam da idade de nosso coração...

Se formos sensíveis à beleza do que nos cerca, se ainda conseguimos amar e sonhar, se alimentamos nossos espíritos com a luz da esperança e da gratidão, a velhice do corpo físico não interfere nas emoções e na qualidade de vida que escolhemos, seguindo a idade de nosso coração, que se mantém jovem e otimista.

Para se viver bem esta fase de nossas vidas é preciso *engenho e arte!*

Engenho é perícia, criatividade quando nos dispomos a executar algo.

Arte é a habilidade na execução de um fim ou uma atividade voltada para o belo, para o que encanta e sensibiliza nossa alma.

Poderemos dizer, então, que envelhecer com dignidade e sabedoria é uma arte – *a arte de envelhecer!*

Transformações profundas vão ocorrendo em nosso mundo íntimo, e se soubermos enfrentar as barreiras e limitações naturais deste período, sairemos vitoriosos.

Envelhecemos quando abandonamos o nosso ideal e desistimos de nossos sonhos, alterando nosso estilo de vida, contrariando nossos desejos e os projetos anelados. Esta atitude nos faz envelhecer mais rapidamente.

Envelhecer é igual para todos?

Sabemos que não. É uma experiência individual, intransferível.

Fatores importantes retardam ou aceleram o envelhecimento, e o seu estilo de vida influi decisivamente, mantendo-o mais jovem e confiante ou desanimado e com maior desgaste físico.

Eis alguns fatores que retardam o envelhecimento:

¶ Qualidade de vida.

¶ Herança genética.

¶ Hábitos saudáveis (alimentação adequada, prática de exercícios físicos, sono reparador).

¶ Poder aquisitivo razoável.

¶ Exercício mental (leitura, aprendizado, conversações edificantes).

¶ Religiosidade (educação dos sentimentos).

Infelizmente, algumas pessoas não aceitam bem o envelhecimento e sofrem diante das dificuldades inerentes a este período de suas vidas... O melhor para elas seria participar de algum grupo de autoajuda.

O isolamento agrava o sofrimento da não aceitação da velhice.

A família é importante na integração do idoso no meio social porque deverá influenciá-lo a procurar ajuda, a se manter ativo, valorizando-o e incentivando-o a participar de grupos na comunidade em que vive.

A família bem estruturada em bases cristãs minimiza os desajustes e os conflitos familiares e os idosos se sentem aceitos e integrados no grupo familiar no qual exista respeito, amor, solidariedade, ajuda mútua e compreensão. É para o idoso um ponto de sustentação e equilíbrio.

Seu estilo de vida marcou, também, de forma indelével, a família que construiu e, hoje, certamente, está colhendo os frutos da semeadura que realizou junto aos seus familiares.

O lar é o melhor lugar para o bem-estar físico e espiritual do idoso.

Temos analisado as experiências e os valores dos idosos que participam conosco do Grupo da Terceira Idade, e observo como são diferentes. Mas nesta diversidade eles encontram motivações para viver, e nos surpreendemos com a capacidade de luta e adaptação do ser humano.

Creio que tem sido salutar para todos nós a participação neste grupo porque, mantendo nossas diferenças, sem alterar nosso estilo de vida, conseguimos muitas vantagens que nos enriquecem:

¶ Melhora acentuada na vida social (conhecer pessoas, trocar experiências, falar de assuntos afins).

¶ Integração em algum trabalho voluntário.

¶ Melhor compreensão dos objetivos da vida.

¶ Interesses renovados para a leitura, o lazer, o aprendizado.

¶ Acentuados cuidados com o corpo e melhora no aspecto físico.

¶ Harmonização com o grupo familiar.

¶ Espontânea busca de mudanças de atitudes, com uma adequação ao estilo de vida de cada um, idade e meio social.

¶ Acentuada melhora da autoestima.

Concluindo, eu diria que os melhores fatores que denotam a arte de envelhecer são: a religiosidade, a tranquilidade, a sabedoria, a liberdade, a dignidade e o senso de humor.

A jovialidade e o senso de humor ajudam a evitar o desgaste natural que os anos vão emprestando a todos nós, e a dignidade nos ajudará a manter atitudes coerentes com a idade madura.

Viver da melhor forma possível é o nosso desafio imediato.

Balanço da vida

No entardecer da vida, reconto meus dias, recordo vivências,
Analiso as vitórias e as experiências positivas
Que me ajudaram a crescer ou as perdas e as lutas inglórias...
Coloco na balança da vida, em seu lado positivo, o que foi felicidade,
E me tornou, de algum modo, melhor ao longo do tempo:
O trabalho no Bem, o lar, a família, os amigos sinceros,
 O canto dos pássaros voejando nas manhãs ensolaradas;
A relva macia sob meus pés na estrada sinuosa de terra batida;
A beleza das flores contornando o lago que, espelhando o céu,
Em tons de azul se encrespa de leve ao sopro do vento;
O riso gostoso de uma criança que estende seus braços...
Os amores distantes que um dia partiram...
Quem segue a meu lado e paciente me acolhe,
Com desvelo e afeto no inverno da vida...
Lembranças felizes do meu viver...
 As perdas reais, os desenganos e o que me fez sofrer,
Ficaram distantes e não vejo razão para recordar...
Fui feliz ou infeliz? É difícil explicar.

Sei, tão somente, que se ponho valor nas coisas pequenas
Aumenta a tristeza no meu coração...
Mas se considero o que amo, o que me faz feliz:
O valor do tempo, a paz, a amizade sincera – vale a pena viver.
No balanço final, vencem o amor, o bem e a gratidão...
Caminho pela estrada sob o Sol, como nos dias da infância,
Sentindo a alegria em meu coração,
Seguindo o roteiro do Mestre Jesus!

A busca da liberdade

LIBERTAÇÃO É FELICIDADE... A afirmativa com que inicio nossa conversa nesta manhã é da nobre mentora espiritual Joanna de Ângelis, quando nos ensina que, através da eliminação dos "*conteúdos perturbadores*" de nossa paz, conseguimos manter com certo equilíbrio nosso mundo íntimo e nossas aspirações, enquanto espíritos imperfeitos, mas caminhando para a sublimação de nossos sentimentos e emoções.

Com a maturidade física já caminhando para a velhice, vamos alterando nossa maneira de ser, de pensar e, principalmente, passamos a aceitar as outras pessoas sem muitas exigências, respeitando seus limites e sua diversidade.

Aprendemos muito ao longo da vida se nos dispomos a observar tudo o que nos cerca e as pessoas que caminham conosco, sem os mecanismos que mascaram nossa realidade, sem preconceitos... Vamos compreendendo que a beleza e o equilíbrio da vida estão na diversidade das coisas e dos seres...

Passamos a compreender certas atitudes que outrora nos chocavam e feriam certos princípios que considerávamos corretos, exigindo sempre que os outros agissem dentro dos limites que considerávamos legítimos. Hoje, já entendemos que as mudanças devem ocorrer dentro de nós mesmos, alterando ideias arraigadas, preconcebidas... Não seguir as regras impostas pelos outros, mas agir dentro dos conceitos elaborados por nossa consciência ética.

Muitas vezes, estávamos equivocados quando tentávamos moldar os outros dentro de padrões que julgávamos essenciais para uma vida segura, livre e feliz...

O conceito de liberdade era limitado pelo radicalismo e, hoje, entendemos que as mudanças se realizam dentro de nós através do amadurecimento físico e mental.

Sabemos realmente usar nossa liberdade?

Somos livres?

Temos, ainda, em nosso estágio evolutivo, uma liberdade relativa.

Ainda estamos presos a conceitos arcaicos, preconceitos e ideias superadas pela evolução do pensamento humano nesta fase de nosso progresso moral que avança com muita celeridade.

Nada aprisiona mais o homem que o apego às coisas perecíveis. A arte do despojamento, de conseguir nos libertar do excessivo apego às pessoas e coisas é conseguida através de um exercício constante, que exige de nós abnegação e renúncia.

Infelizmente, muitos dos que já adentraram a terceira idade ainda não conseguiram expressar esta arte, esta virtude tão pouco desenvolvida neste mundo competitivo e atraente, com tantas necessidades apregoadas pela mídia e resultante da falta de discernimento com que direcionam suas vidas.

Desde jovem, aprendi, abençoada pelo conhecimento espírita, que a felicidade está nas conquistas espirituais, naquilo que sentimos, e não nos bens materiais, que são efêmeros como a areia que escorre de nossas mãos estendidas...

O primeiro sinal de que estamos extrapolando os limites de uma vida equilibrada, livre e segura é a ansiedade com que muitos evidenciam seus desejos, procurando sanar a inquietação; mas a motivação real para viver feliz, através do consumismo e da busca do poder temporal, não os tornam felizes.

Esses são os conteúdos perturbadores de nossa paz e de nossa liberdade, porque nos aprisionam dentro da ambição desmedida e do apego excessivo aos bens materiais.

O tempo passa célere e logo chegam as desilusões, a fatuidade, e a alma se sente aturdida diante da inevitável transitoriedade, caminhando para deixar aqui na Terra tudo o que motivou sua vida material.

Esse momento chega para todos nós.

Alguns despertam para a realidade existencial através das perdas materiais, outros quando perdem seus entes queridos, muitos pelo desgaste orgânico, motivando enfermidades incuráveis e limitação dos movimentos que os impedem de prosseguir como antes, apegados a tudo e a todos, prepotentes e dominadores...

Felizes aqueles que viveram desenvolvendo os valores espirituais.

Livres para seguir sua destinação como espíritos imortais, sem os liames do orgulho, da vaidade, do egoísmo...

Quando adentramos a terceira idade, já passamos por muitas fases em nossas vidas, deixamos para trás o apego aos bens materiais que nos davam segurança e poder. Caminhamos para a libertação do que nos perturba, tentando alcançar a plenitude que a alma aspira como o bem mais perene que nos dá serenidade íntima e a felicidade real.

Libertação é felicidade, e consciência enriquecida pelos conteúdos superiores significa plenitude, reino dos céus, mesmo durante o trânsito terrestre.[55]

---

[55] FRANCO, Divaldo Pereira. *O ser consciente*. Pelo Espírito Joanna de Ângelis. Salvador: LEAL, 1994, p. 125.

Consoante o pensamento de Joanna de Ângelis, não estaria a conquista da felicidade na libertação do que nos perturba e distancia das aquisições espirituais?

O primeiro passo na conquista da liberdade é o autoconhecimento, tão apregoado pela filosofia espírita. A benfeitora espiritual nos tem alertado e ensinado que o desenvolvimento de nossa consciência, despertando-nos para os reais objetivos da existência, é a meta para uma vida feliz.

Aclarando nosso pensamento em torno do que é essencial para atingir os patamares deste crescimento moral através da libertação de tudo o que nos perturba e nos aflige, ela leciona:

> Psicoterapeuta Excepcional, com a sua visão realista e criativa, Jesus definiu a necessidade de buscar-se primeiro o reino dos Céus, pois que esse fanal ensejaria a conquista de todas as outras coisas.
> É óbvio que, ao se adquirir o essencial, todas as coisas perdem o significado, por se encontrarem destituídas de valor face ao que somente é fundamental. Outrossim, alertou sobre o imperativo de fazer-se ao próximo o que se gostaria que este lhe fizesse, fixando no amor o processo de libertação, na ação edificante o meio de crescimento e na oração fortalecedora a energia que proporciona o desiderato.[56]

Seguindo este pensamento, poderemos afirmar que o amor, a ação edificante no Bem e a oração seriam os pilares da construção do *Reino dos Céus* dentro de nós, propiciando a paz e a plenitude almejadas.

Esse é o caminho de nossa libertação e da felicidade real com que todos sonhamos!

Busquemos viver com o essencial, livrando-nos de tudo o que nos aprisiona e perturba nossa mente.

Liberdade é conseguir nos desvencilhar daquilo que nos impede de ser feliz.

O sentido existencial resulta, portanto, da libertação, que é felicidade!

---

[56] FRANCO, Divaldo Pereira. *O ser consciente*. Pelo Espírito Joanna de Ângelis. Salvador: LEAL, 1994, p. 128-129.

Realização íntima

O QUE, REALMENTE, buscamos na vida?

O que nos torna felizes diante do que amealhamos ao longo da existência?

Com a maturidade, compreendemos que o bem-estar íntimo e a paz não estão inseridas nas conquistas materiais, nos títulos, nas propriedades, nos valores que utilizamos para nossa segurança e satisfação pessoal... Nem nas pessoas que nos cercam ou nos acompanham ao longo da existência física...

Felicidade é libertação e realização íntima.

Com a liberdade, escolhemos o que nos convém, como agir diante das dificuldades ou dos projetos de vida. Nesta liberdade de escolha teremos de usar do discernimento e da responsabilidade ao assumir os resultados de nossas preferências e realizações...

Entretanto, é o que mais ocorre com as pessoas inseguras e insatisfeitas com os resultados de suas escolhas e planos em todos os setores da vida.

Joanna de Ângelis nos leciona: *"Não te descures da autoiluminação. Se buscas a consolidação da estrutura socioeconômica pessoal e familiar, vai mais longe, e intenta a conquista dos tesouros íntimos"*. [57]

A benfeitora espiritual nos exorta ao exercício constante das qualidades inerentes ao espírito imortal, semeando os valores reais que a imortalidade nos confere, porque estes nos plenificam e nos levam à conquista da paz e da felicidade reais.

A realização interior demanda nosso esforço, a começar pela escolha do que realmente importa para nossa condição de espíritos em trânsito na Terra para aprendizado e aperfeiçoamento de nossos caracteres através da educação e das provas retificadoras que nos conduzirão a patamares mais elevados.

Sabendo da transitoriedade da vida física, é prudente pensarmos em enriquecer nossos espíritos com o conhecimento intelectual, com o equilíbrio de nossas emoções e a educação de nossos sentimentos.

Quanto maior a riqueza interior, maior será a realização pessoal intransferível que nos propiciará serenidade íntima e um bem-estar físico e mental.

Considero o sofrimento o melhor auxiliar neste processo de conquistas espirituais, quando o utilizamos como ferramenta que nos ajuda a superar as dificuldades e as perdas a que somos submetidos. É imprescindível, no entanto, a fé iluminando nossas consciências e a confiança de que estamos destinados ao progresso moral, sendo a dor nossa aliada nesta conquista espiritual.

Sabemos que não são as realizações materiais que nos tornam felizes... Ao contrário, muitas nos desencantam, levando-nos ao tédio e ao vazio existencial.

Em nosso estágio evolutivo é natural que tenhamos as lutas existenciais, e não poderemos nos descuidar da *estrutura socioeconômica*

---

[57] FRANCO, Divaldo Pereira. *Momentos enriquecedores*. Pelo Espírito Joanna de Ângelis. Salvador: LEAL, 1994, p. 58.

e familiar, mas não podemos priorizar as conquistas materiais em detrimento dos valores do espírito imortal.

Novamente vamos buscar no ensinamento da benfeitora espiritual a luz para o discernimento em nossa vida, e encontramos:

> O homem de bem, que reúne os valores expressivos da honra e da ação edificante, faz-se caracterizar pelo esforço, pelo empenho com que desenvolve, realizando o programa essencial da vida, que é sua iluminação íntima.
> Somente a identificação com o si profundo, facultar-lhe-á a tranquilidade, meta próxima a ser conseguida. Partindo dela, novas etapas surgirão convidativas, ensejando o crescimento moral e intelectual, proporcionador da felicidade real.[58]

Quando nos propomos a alcançar o objetivo de nossa vida, nada nos faz desanimar, nem mesmo as agruras do caminho, porque sabemos o que nos espera se conseguirmos vencer, etapa a etapa, as dificuldades naturais do desenvolvimento de nossas potencialidades e crescer na busca do que realmente nos torna melhores.

O conhecimento do caminho deverá ser fruto de nosso esforço no Bem, da valorização da espiritualidade que está ínsita em nossa consciência apontando-nos o que nos convém neste processo de crescimento espiritual.

Cada indivíduo agirá consoante seu nível ético em sua caminhada evolutiva.

Não nos cabe julgar a quem quer que seja, porque estamos distantes da perfeição e ainda trazemos em nosso mundo interior comprometimentos a serem trabalhados e sentimentos a serem educados.

Na vida de relação encontramos os mecanismos de reajuste que nos ensinam a ser mais tolerantes, fraternos, solidários e compreensivos ante as dificuldades alheias.

---

[58] FRANCO, Divaldo Pereira. *Momentos enriquecedores*. Pelo Espírito Joanna de Ângelis. Salvador: LEAL, 1994, p. 56-57.

Se nos isolarmos em nossos pontos de vista, em nosso comodismo inoperante, jamais conseguiremos a realização íntima a que nos propomos... É na forja do sofrimento, nas pedras do caminho que devemos contornar ou remover; no fogo do burilamento íntimo que encontraremos o sentido da vida.

Aproveitemos, estimados leitores, todos os momentos felizes de nossa vida, no âmbito familiar, na sociedade, junto aos irmãos de crença; mas não nos esqueçamos de que somente na hora do testemunho, na reflexão ante a dor, é que realmente exercitamos a sublime arte da convivência e do amor que superam os entraves ao nosso progresso moral.

Sonhamos com um mundo de paz e regeneração de toda a humanidade... Transitamos por esta vida aguardando mudanças que nos façam felizes, mas a mudança real deve partir de nosso íntimo, alimentando a fé nos momentos difíceis, para que tenhamos a certeza de que haverá uma chance para todos nós realizarmos nossos sonhos e projetos de um mundo melhor.

Essa confiança no futuro é o primeiro passo para a realização íntima que todos buscamos nas lutas de cada dia.

Se os prazeres do mundo e as conquistas materiais não nos conferem o bem-estar íntimo, saibamos buscar através da fé em Deus e neste futuro que almejamos, a luz que oriente nosso caminho e nossa destinação espiritual.

Não precisamos ser sábios para compreender o outro ou vencer as dificuldades que nos impeçam de conquistar a paz e a felicidade reais, porque a sabedoria máxima é a bondade, expressa no amor que devemos usar em todos os momentos da vida.

> A fatalidade existencial deixa de ser *viver bem*, que é uma das metas humanas, para *bem viver*, que é uma conquista pessoal, intransferível especial, que jamais se altera ou se perde, fomentando a felicidade e trabalhando pela paz que todos almejam.[59]

---

[59] FRANCO, Divaldo Pereira. *Vida: desafios e soluções*. Pelo Espírito Joanna de Ângelis. Salvador, BA:

Conte suas bênçãos

"Deus me respeita quando trabalho, mas Ele me ama quando canto!"
Rabindranath Tagore

Se existe uma ingratidão maior entre os homens é aquela que os faz indiferentes à dádiva da vida em todo o seu esplendor, a cada novo amanhecer...

A contemplação da natureza me faz refletir em torno da grandeza da vida, da excelsa Bondade Divina para com os homens, concedendo-lhes a renovação a cada alvorecer, as oportunidades de recomeçar sempre e o incentivo para prosseguir desde que saibamos valorizar o tempo e as bênçãos recebidas.

Sem o apego exagerado às coisas que nos cercam, mas sabendo encontrar a motivação de ser acessível às mudanças que ocorrem dentro de nós a cada nova etapa da vida, poderemos galgar patamares mais elevados onde estivermos. Não apenas nas conquistas efêmeras do ter, mas principalmente na coragem de ser o melhor que consigamos em tudo o que ainda possamos realizar.

Fico extasiada diante da beleza de cada alvorecer neste outono, com nuanças de cores que se modificam a cada minuto e nos levam

---

LEAL, 1997, p. 83.

a cogitar do valor de estarmos aqui neste momento sentindo e percebendo a grandeza de Deus.

O Sol ainda não despontou no horizonte, mas sua luminosidade já colore as nuvens em tons rosáceos, de forma suave, como filetes que se alongam contornando o céu nesta manhã de abril...

O que mais me comove é a mutabilidade com que Deus nos presenteia a cada alvorecer, convidando-nos à prece e às reflexões mais profundas em torno de nosso viver, de nossos deveres, e nos sentimos abençoados por mais um dia de vida.

Aflora em nosso mundo íntimo o sentimento de gratidão, e procuramos ser mais generosos e compreensivos ao longo deste novo dia.

Conversando com você, estimado leitor, desejo repassar este sentimento de gratidão, louvando as belezas da existência e a necessidade do amor que impulsiona a vida de todos nós para a conquista da paz e do progresso moral.

Compreendo que a vida não é fácil para muitos e que infortúnios e dificuldades acontecem para todos nós, entretanto, se conseguirmos manter a fé e a luz da esperança em nossos corações, poderemos modificar nosso pensamento para encontrar soluções e assim vencermos o que nos impede de ser felizes.

Alternando-se em sombras e luzes, a natureza nos oferece exemplos de superação e segue sua destinação nos diversos ciclos que nos demonstram o poder da renovação e da restauração da vida.

Poderemos, também, no enfrentamento das coisas boas ou más que a vida nos apresenta, todas passageiras, cultuar o sentimento de gratidão e a confiança em Deus, que nos ajudarão a superar as dificuldades. Encontraremos sempre motivos para agradecer as bênçãos que Deus nos concede se mantivermos nossos corações serenos e compassivos.

É um exercício maravilhoso saber escolher novos caminhos ou contornar obstáculos, superando as pedras da senda a percorrer, contornando-as para não ferir nossos pés. Afastar a tristeza de nossos corações, orando e agradecendo a Deus este novo tempo que se renova a cada manhã. Ousar sempre na realização de nossos sonhos!...

Quando estamos conturbados com algum problema que nos aflige ou se há frustração por não termos conseguido superar uma dificuldade que supúnhamos fácil, sentimo-nos frágeis e desanimados... Todavia, basta olhar as coisas que nos cercam como dádivas de Deus para amenizar nosso sofrimento...

Podemos contemplar o Sol brilhando no horizonte, a paisagem diante de nós em variadas cores, o vento acariciando nossa face, o canto dos pássaros, uma melodia que nos leve a sonhar...

São tantas as bênçãos a nos felicitar a alma... Infelizmente, muitos não as percebem, aprisionados em suas preocupações. Todavia, basta que acendamos a luz da prece em agradecimento a Deus e passemos a valorizar os bens que possuímos, como o aconchego do lar, o apoio dos amigos e a sustentação que a crença em Deus nos concede, e estaremos, em breve tempo, olhando os problemas que nos afligiam como se fossem pequenas alfinetadas que a vida nos prega, para despertar nossos espíritos à realidade espiritual, protegendo-nos de quedas maiores.

Quando abrimos nossos corações diante da natureza e percebemos o quanto de bênçãos Deus nos proporciona, nossa mente se expande como um aparelho receptor ao que é belo e positivo, levando-nos à harmonia íntima, atraindo os acontecimentos bons que nos incentivam a prosseguir.

Todos nós gostaríamos de não ter problemas, de não sofrer perdas e ter somente a felicidade enfeitando nossos dias, entretanto, não podemos evitar a dor em sua função educativa que aprimora nosso ser.

Mesmo nos momentos difíceis, quando a adversidade nos fere a alma, poderemos tirar lições proveitosas para nosso progresso moral.

Crescemos moralmente no enfrentamento destas dificuldades, pois o sofrimento nos torna mais humildes, ensinando-nos a valorizar a vida, e, desta forma, conseguimos superar as dores, confiando na Bondade Infinita de Deus.

Assim, celebremos a vida e confiemos em nosso futuro espiritual.

> Precisamos ser capazes de nos acalmar e sintonizar nosso espírito na consciência universal para conhecermos o objetivo da vida. E uma vez conhecido, o melhor a fazer é persegui-lo, apesar de todas as dificuldades. Nada deve nos desencorajar, nada deve nos deter, porque sabemos qual é o propósito da nossa vida.[60]

Compreender o sentido da vida e seguir o roteiro que as lições de Jesus nos concedem são diretrizes seguras neste caminho que Ele nos ensinou, onde há vida em abundância e inúmeras razões para agradecer.

A gratidão a Deus é essencial para a conquista da paz e da felicidade, ainda, neste mundo – educandário de nossas almas.

---

[60] CAMPBELL, Eillen. *Tempo de viver*. P. 130.

Prece ao envelhecer

Senhor!
Não permita que eu me torne uma velha rabugenta,
Nem fique a reclamar da vida e dos outros.
Afaste de meu coração a tristeza, o desalento.
Que o meu olhar seja limpo, sem a sombra da amargura.
Que minhas mãos estejam abertas a receber as bênçãos
Que emanam da Tua infinita bondade.
Livra minha mente das algemas do ódio, do egoísmo e da insensatez.
Conserva em meu rosto o sorriso, e a serenidade em meu olhar.
Que o meu coração esteja sempre aberto ao amor.
Faça de mim uma pessoa generosa, que eu saiba dividir
O meu pão com os que nada têm,
E as flores do meu jardim com os que não possuem
Um lugar para cultivá-las...
Não permita que eu viva do passado, falando de mim,
De minhas aventuras, menosprezando os valores de hoje.
Induze-me a falar sempre da beleza das flores, da riqueza do amor,
Do canto dos pássaros, do verde das matas, da carícia do vento suave

A me envolver quando a tarde termina...
Que eu veja em meu próximo, mesmo o que não me compreende,
O irmão a quem eu deva respeitar e amar.
Que eu me emocione sempre com a beleza da vida a cada novo dia,
Com a alegria dos que retornam aos lares após o trabalho...
Com as palavras e gestos de gratidão dos humildes.
Senhor! Agradeço a bênção do renascimento, a família, o lar,
As oportunidades que a vida tem proporcionado
Para o meu crescimento espiritual, nos momentos de dores acerbas,
E nos instantes de felicidade...
Que eu não menospreze cada minuto de meu dia
E viva sempre conforme teus sábios desígnios.
Obrigada, Senhor!

Referências

ANDRÉA, Jorge. *Dinâmica Psi*. Rio de Janeiro: Fonfon e Seleta, 1982.

CAMPBELL, Eillen. *Tempo de viver, aprendendo a despertar para o momento*. Trad. Iva Sofia G. Lia. Rio de Janeiro: Sextante, 2004.

FRANCO, Divaldo Pereira. *Atitudes renovadas*. Pelo Espírito Joanna de Ângelis. Salvador: LEAL, 2009.

_____. *Autodescobrimento: uma busca interior*. Pelo Espírito Joanna de Ângelis. Salvador: LEAL, 1995.

_____. *Diretrizes para o êxito*. Pelo Espírito Joanna de Ângelis. 2. ed. Salvador: LEAL, 2004.

_____. *Encontro com a paz e a saúde*. Pelo Espírito Joanna de Ângelis. Salvador: LEAL, 2007.

_____. *Entrega-te a Deus*. Pelo Espírito Joanna de Ângelis. Catanduva: Editora InterVidas, 2010.

_____. *Jesus e atualidade*. Pelo Espírito Joanna de Ângelis. São Paulo: Pensamento, 1989.

_____. *Libertação do sofrimento*. Pelo Espírito Joanna de Ângelis. Salvador: LEAL, 2008.

_____. *Libertação pelo amor*. Pelo Espírito Joanna de Ângelis. Salvador: LEAL, 2005.

_____. *Momentos de consciência*. Pelo Espírito Joanna de Ângelis. 2. ed. Salvador: LEAL, 1995.

_____. *Momentos enriquecedores*. Pelo Espírito Joanna de Ângelis. Salvador: LEAL, 1994.

_____. *Momentos de harmonia*. Pelo Espírito Joanna de Ângelis. Salvador: LEAL, 1992.

_____. *O amor como solução*. Pelo Espírito Joanna de Ângelis. Salvador: LEAL, 2006.

_____. *O despertar do espírito*. Pelo Espírito Joanna de Ângelis. Salvador: LEAL, 2000.

_____. *O homem integral*. Pelo Espírito Joanna de Ângelis. Salvador: LEAL, 1990.

_____. *O ser consciente*. Pelo Espírito Joanna de Ângelis. Salvador: LEAL, 1994.

_____. *Vida: desafios e soluções*. Pelo Espírito Joanna de Ângelis. Salvador: LEAL, 1997.

_____. *Viver e amar*. Pelo Espírito Joanna de Ângelis. 4. ed. Salvador: LEAL, 2010.

JACINTHO, Roque. *Kardec e Emmanuel*. São Paulo: Edicel, 1969.

KARDEC, Allan. *O evangelho segundo o espiritismo*. 124. ed. Rio de Janeiro: FEB, 2004.

_____. *O livro dos espíritos*. Edição comemorativa do Sesquicentenário, Rio de Janeiro: FEB, 2007.

XAVIER, Francisco Cândido. *Fonte viva*. Pelo Espírito Emmanuel. 24. ed. Rio de Janeiro: FEB, 2000.

Conselho Editorial:
Jorge Godinho Barreto Nery – Presidente
Geraldo Campetti Sobrinho – Coord. Editorial
Edna Maria Fabro
Evandro Noleto Bezerra
Maria de Lourdes Pereira de Oliveira
Marta Antunes de Oliveira de Moura
Miriam Lúcia Herrera Masotti Dusi

Produção Editorial:
Rosiane Dias Rodrigues

Revisão:
Idalina Bárbara de Castro

Capa, Projeto Gráfico e Diagramação:
Helise Oliveira Gomes

Foto de Capa:
http://www.istockphoto.com/ Aleksandar Nakic

Normalização Técnica:
Biblioteca de Obras Raras e Documentos Patrimoniais do Livro

Esta edição foi impressa pela Gráfica arvato Bertelsmann, Osasco, SP, com tiragem de 2 mil exemplares, todos em formato fechado de 160x230 mm e com mancha de 116x182 mm. Os papéis utilizados foram o Avena Book 70 g/m² para o miolo e o Cartão Ningbo Star C2S 300 g/m² para a capa. O texto principal foi composto em fonte Minion Pro 12/15,8 e os títulos em Calibri 30/35. Impresso no Brasil. *Presita en Brazilo.*